POEMAS PARA ADIAR O FIM DO MUNDO

Moreira de Acopiara

POEMAS PARA ADIAR O FIM DO MUNDO

Principis

Esta é uma publicação Principis, selo exclusivo da Ciranda Cultural
© 2022 Ciranda Cultural Editora e Distribuidora Ltda.

Texto
© 2022 Moreira de Acopiara

Editora
Michele de Souza Barbosa

Revisão
Fernanda R. Braga Simon

Produção editorial
Ciranda Cultural

Diagramação
Linea Editora

Design de capa
Ana Dobón

Imagens
Abbie/shutterstock.com
ramonparaiba/shutterstock.com

Dados Internacionais de Catalogação na Publicação (CIP) de acordo com ISBD

A185l   Acopiara, Moreira de

           Poemas para adiar o fim do mundo / Moreira de Acopiara. - Jandira, SP : Principis, 2022.
           272 p. ; 15,50cm x 22,60cm.

           ISBN: 978-65-5552-766-7

           1. Literatura brasileira. 2. Poemas. 3. Brasil. 4. Nordeste. 5. Brasil. 6. Tradição. Meio ambiente. I. Título.

2022-0642

CDD 869.8992
CDU 821.134.3(81)-34

Elaborado por Lucio Feitosa - CRB-8/8803

Índice para catálogo sistemático:
1. Literatura brasileira 869.8992
2. Literatura brasileira 821.134.3(81)-34

1ª edição em 2022
www.cirandacultural.com.br
Todos os direitos reservados.
Nenhuma parte desta publicação pode ser reproduzida, arquivada em sistema de busca ou transmitida por qualquer meio, seja ele eletrônico, fotocópia, gravação ou outros, sem prévia autorização do detentor dos direitos, e não pode circular encadernada ou encapada de maneira distinta daquela em que foi publicada, ou sem que as mesmas condições sejam impostas aos compradores subsequentes.

Para:

Paty Bizarria, Rogério Bonfim,
Antônio Luiz Mota, Antonia Edinalva,
Erike Busoni, Neudo, Jecivaldo Albuquerque,
Jueste, Olímpio, Célio Boi e Batista de Areia.

É por causa dessa gente que o mundo não teve fim.

Sumário

Apresentação 9

Sobre saudade e luta 13

A Mãe Divina e o parto do universo 17

A lógica da terra 23

Tomara 30

Que venham os dias 37

Meu Nordeste é assim 43

Aos mestres com carinho 49

Quanto mais livres, mais belos 58

De repente 65

Eu queria 70

Importantes conselhos 77

Meu melhor poema 82

Não deixe de ir 88

Sobre a morte 94

Venha me ver 98

Tudo acaba 104

O caminho lá de casa 109

Vale de lama 116

Poema de amigo 122

As três questões do professor 125

Ser poeta popular 132

George e a cerejeira 137

Não posso esquecer 144

A Criação 149

Não tenho muito tempo 158

Daqui pra frente 168

O menino e o passarinho 175

A chuva 182

Superamos 190

Tudo é muito relativo 196

Visitando o interior 204

Sobre oposições 210

O abraço 216

O melhor ainda está por vir 220

Gente velha 229

Meu pai, meu filho e eu 236

Lamentos de um vaqueiro velho 248

Sou um homem muito rico 255

O lugar de onde eu venho 259

Corrinha 263

Recomeçar 270

Apresentação

No início eu quis chamar este livro de "Poemas para odiar o fim do mundo", pois não gosto nem um pouco da possibilidade de o mundo se acabar, muito menos do que estão fazendo com ele. Depois resolvi substituir "odiar" por "adiar", porque considero ódio algo muito pernicioso, e a palavra, pesada demais, ou muito forte, o que não combina com a leveza da poesia, muito menos com o que está nas páginas aqui disposto. Por outro lado, já vivemos num mundo de muita intolerância, raiva, ganância e preconceito, muito comodismo, pouco cuidado com o outro, desesperada corrida atrás de riqueza, fama e poder, muito desrespeito para com a terra e com tudo. Então achei melhor retirar a palavra ódio desse contexto.

Este projeto começou a partir de um convite honroso que recebi para proferir uma palestra para professores da rede pública da cidade de São Paulo, no ano de 2018. Inicialmente pediram que eu falasse de minha trajetória, dos longos caminhos percorridos até me tornar autor de livros, mas que declamasse também poemas que falassem de preservação ambiental, sustentabilidade, tolerância e diversidade, ou que exaltassem o mundo melhor que temos que deixar para os nossos descendentes. Todos temas já muito recorrentes na minha extensa e diversificada obra. De modo que achei tudo muito bom, e com alegria aceitei a empreitada. Por acaso estávamos na semana do meio ambiente, e estar com professores, em qualquer época, é sempre motivo de felicidade para mim. Preparei mais um ou outro texto, costurei um roteiro, e o certo é que o evento foi uma beleza. Depois de tudo voltei para casa ainda mais motivado. Então foi só juntar os poemas, outros foram surgindo naturalmente, e quando dei fé o livro estava pronto, bem como o título. Se bem que terminados de todo os meus poemas nunca estão, muito menos os livros, que só os publico porque não quero nem posso passar o resto da vida corrigindo. Quanto ao mundo, só me resta lutar todos os dias, com os recursos de que disponho e que não são muitos, e enquanto puder, com o desejo de deixá-lo melhor.

Sou sertanejo. Cresci num lugar lindo, no pé de uma serra, na beira de um rio, no meio de indígenas que dali nunca saíram e de negros que por ali sempre ficaram e só tiravam da terra aquilo de que realmente precisavam, e sempre com muito cuidado. Poluir o rio? Mas como, se era de lá que o peixe era cuidadosamente retirado, também no momento certo, e alimentava a família inteira? E por que queimar o mato das encostas? Para os moradores daquela minha região, gente muito simples, o rio era algo sagrado, bem como a mata, onde muitos pássaros cantavam, como que trazendo recados de quem estava muito zangado com a humanidade, e de onde vinha a caça e o mais para o sustento de todos. E até hoje, mesmo morando há muitos anos na cidade grande, volto muitas vezes para rever meu pé de serra e aquela minha boa gente. Pescar e comer um peixe com farinha e uma pimentinha na beira do rio, com os meus amigos que dali nunca saíram e falam nós tava, cuma, prumode e quiném, ainda é o que me dá esperança e me faz sentir cada vez mais brasileiro. E tudo isso está registrado nos poemas a seguir.

Sobre saudade e luta

Nasci no Nordeste em sessenta e um,
Em julho, um domingo dia vinte e três.
Me tornei poeta, tenho voz e vez
Ao lado de grupo coeso e comum.
Meu trabalho é sério, não tem zunzunzum,
Minha poesia veio pra ficar,
O cordel é forte, muito popular,
É linguagem fácil, possui curto enredo
Conta histórias lindas de saudade, medo,
Pesadelo… Tudo que se imaginar.

Moreira de Acopiara

Cresci na beirada do rio Trussu,
No pé de uma serra de nome Flamengo.
Não tinha moleza, tristeza nem dengo,
Catava goiaba, pitomba e umbu.
Nas águas do rio me banhava nu,
Chamava uns amigos e ia pescar,
Preparava um peixe e botava pra assar,
Comia ali mesmo com boa farinha,
Mais pimenta forte que de casa vinha
Na medida certa pra bem temperar.

Com catorze anos já lia cordel,
Já fazia versos bem metrificados,
Andava inquieto por todos os lados
Buscando nos palcos do mundo um papel.
Mamãe me dizia que eu fosse fiel
Ao povo e às coisas do nosso lugar,
Que é muito importante a gente avançar,
Com desprendimento, mantendo a humildade,
E que o endereço da felicidade
Não é muito longe, é só procurar.

Quando eu tinha vinte anos de idade,
As coisas mudaram no interior.
Deixei meus parentes, amigos e amor
E parti no rumo da grande cidade.
Trabalhei dobrado, padeci saudade,
Fiquei vários anos sem poder voltar,
Mas, muito seguro, busquei superar
Saudade, carência, falta de dinheiro,
Gente malcriada, povo interesseiro,
Certo de que um homem precisa lutar.

Foram muitos anos de luta renhida,
Trabalhando sempre, passando sufoco,
Dando o que podia, levando cotoco,
Às vezes achando a estrada comprida.
Mas não me afobava, pensava na vida,
Ganhava mais forças pra continuar,
Fazia poemas pra desopilar,
Recitava versos, vendia uns cordéis,
Assim fui ganhando leitores fiéis
E amigos que fazem tudo se ajeitar.

Moreira de Acopiara

Medo do futuro? Sentia demais.

Mamãe me escrevia, mandava recados,

Sempre que eu podia, botava uns trocados,

Mas os meus avanços eram naturais.

Comprava revistas, livros e jornais,

Porque precisava me qualificar.

É muito difícil a gente acertar,

Fazer um poema do gosto do povo

Que merece o belo, que procura o novo,

E às vezes não acha no que se apoiar.

A Mãe Divina e o parto do universo

Primeiro veio o amor,
Cheio de boa intenção,
E invadiu o coração
Da Mãe, um ser Criador.
E no seu interior
Um óvulo foi colocado.
Ele ali foi fecundado,
E, sem nenhum aperreio,
No seu fecundante seio
O Universo foi gerado.

Moreira de Acopiara

Terminou a gestação
E a Mãe, com desprendimento,
Deu à luz o Firmamento,
Os Astros, a imensidão,
A brisa, a escuridão,
Outras cavidades pretas,
As estrelas, os planetas,
Os vácuos adormecidos,
Os mundos desconhecidos
E os magníficos cometas.

A Mãe Divina, em seguida,
Tornou a terra fecunda.
Era do bem oriunda,
Bondosa e comprometida.
Então fez nascer a vida,
Com seres lindos e astutos,
Desde bichos diminutos
Até grandes vegetais,
Paisagens fenomenais,
Raízes, flores e frutos.

A Mãe Divina botou
Nas águas peixes pequenos
E grandes, e nos terrenos
Mais água limpa brotou.
O céu logo se enfeitou
De passarinhos cantores,
Aves das mais lindas cores
Para prolongadas festas.
Depois botou nas florestas
Caminhos reveladores.

Logo a Mãe Divina, com
Largo sorriso no rosto,
Olhou e disse com gosto:
"Eu tenho bonito dom".
Vendo que tudo era bom,
Bonito e fundamental,
Prosseguiu: "É natural,
E a bondade não se encerra.
Vou favorecer a terra
Com presente especial".

Moreira de Acopiara

E naturalmente quis,
Com toda boa vontade,
Que houvesse capacidade
De amar e de ser feliz.
Produziu reto juiz,
Ensinou-lhe confiança,
E disse com segurança:
"Cuide dessa terra enorme
E faça o homem conforme
Sua imagem e semelhança".

Depois, já muito orgulhosa,
Falou em forma de prece:
"Deus! E o homem se parece
Comigo! Sou venturosa.
Que coisa maravilhosa,
Interessante e saudável!
Cresça, homem, seja amável,
Que a vida se perpetua.
Faça dessa terra a sua
Habitação agradável!"

Ao ver tudo consumado,
Conforme já estava escrito,
Contemplou o infinito
E disse: "É do meu agrado
Que exaltemos com cuidado
Esse lugar tão fecundo,
Que é primeiro, sem segundo...".
Nesse instante preparou
Linda festa e celebrou
O amor, que é quem rege o mundo.

Depois dividiu a terra
Em diversos continentes,
Ao homem deu mais presentes
E disse: "Não faça guerra.
Cuide bem do pé da serra,
Das aves, dos animais,
Proteja os mananciais,
Não suje as águas dos mares,
Reine em todos os lugares,
Respeite os seus ancestrais".

Moreira de Acopiara

Por fim disse Mãe Divina,
Vendo o homem satisfeito:
"Nunca falte com respeito,
Viva saudável rotina,
Fuja de mão assassina,
Evite ódio e rancor,
Não cause tristeza e dor,
Aja com serenidade,
Procure deixar saudade,
Faça tudo por amor".

Mas alguns, infelizmente,
Não entenderam direito,
E ultimamente têm feito
Tudo muito diferente,
Pois visam unicamente
Fama, poder e riqueza.
Pra mim é grande tristeza
Ver o planeta morrendo
E os mercenários dizendo:
"Que se dane a Natureza…"

A lógica da terra

Então a nossa mãe terra,
Que já possui certa idade,
Que é ponderada e não erra,
E com naturalidade
Trata os filhos por igual,
Vive crise crucial,
Uma espécie de agonia
Sem precedentes, comprida,
Prestes a ser engolida
Pela tecnologia.

Moreira de Acopiara

Umas coletividades
Projetaram seus valores,
Instituíram verdades,
Se acharam superiores,
Mais ricas e adiantadas,
Poderosas e educadas,
Únicas e essenciais,
Mas, dos modos mais cruéis,
Matam desde igarapés
A sociedades tribais.

Para muitos grupos, quem
Não possui televisão
E carro novo não tem
Respaldo nem condição.
Quem não é conectado
É tido por atrasado,
Por tapado e anormal.
Para a elite burguesa,
Quem não esbanja riqueza
Vive num mundo irreal.

Que ninguém me comprometa,
Conheço que também erro.
Mas noto que haja planeta
Pra fornecer tanto ferro,
Ouro, madeira, algodão,
Açúcar, álcool, carvão,
Água limpa e gasolina.
E o homem, desprevenido,
Crê que está super ungido,
Que tudo pode e domina.

Os deuses e os feiticeiros
Foram substituídos
Por endeusados guerreiros,
Mercenários, corrompidos,
Tendo metralhas na brecha
Do inocente arco e flecha,
E, em vez da catapulta,
O poderoso canhão
Que devasta sem noção,
Seduz, reduz e sepulta.

Em vez do mito, já temos
Livro do "como fazer",
E, assim, pouco a pouco vemos
A tradição se perder.
Mas vamos convir que a bomba
De hidrogênio possui tromba
Nada leve, nada cômica.
Seu poder supera a fé,
A lógica, tudo... Ela é
"Melhor" do que a bomba atômica.

É tão melhor essa bomba
Que não pode ser usada,
Senão nossa raça tomba,
Será toda dizimada.
E aqueles que a inventaram
Estão ricos, mas pecaram,
E mais dia, menos dia
Chorarão arrependidos,
Antes de serem engolidos
Por essa tecnologia.

Nações mais adiantadas
Têm desejos de avançar,
Mas acabam sufocadas,
Mal conseguem respirar
Diante de ar tão ruim,
Como em Milão e Pequim,
Onde abundante escassez
De ventos bons e ares novos
Tem incomodado os povos
Italiano e chinês.

Não muito raro, progresso
Quer dizer destruição,
Que quer dizer retrocesso,
Queda, deseducação.
A terra não é fascista,
Capitalista, anarquista,
Islamita nem cristã.
Cumpre sem pressa a jornada,
Não está preocupada
Aqui com o nosso amanhã.

Moreira de Acopiara

Terremoto não é nada!
É menos que um comichão.
Um *tsunami* é uma golfada,
E é como espirro um tufão.
Grande nevasca não passa
De um resfriado sem graça.
Quanto ao calor infernal,
É menos que febrezinha.
E assim a terra caminha
Seu percurso natural.

É perversa a construção
De um progresso que destrói.
Os nossos mares estão
Poluídos, e isso dói.
Aqui, assoreamento,
Ali um desmatamento
E um lago com lama preta.
E o que se pode fazer
No sentido de conter
A matança do planeta?

Alta tecnologia
Em muitos casos não é
Sinal de sabedoria,
Bom senso nem boa fé.
É preciso trabalhar
Para redirecionar
O nosso estilo de vida,
Saudável, simples, segura,
Senão a nossa aventura
Na terra estará perdida.

Precisamos praticar
Os valores sociais,
Respeitar e preservar
Os recursos naturais.
Então, não se precipite!
A terra está no limite
E é nossa casa e riqueza.
Não merece tantos danos
Nem seres tão desumanos
Destruindo a natureza.

Tomara

Tomara que o tempo que
Vem rompendo a cabeceira
Chegue manso pra você
E sua família inteira.
Que na sua caminhada
Nunca encontre gente armada
Nem tempestade excessiva.
Que o seu prazer nunca estanque,
E que nada desbarranque
Sua verve criativa.

Que tenha um sol regalado,
Mas que ele não esturrique.
Que cada fruto plantado
Depressa se multiplique.
Que venham bons conteúdos,
E que esses homens graúdos
Resolvam não destrancar
As fechaduras da guerra.
Que entendam que o homem erra,
Mas pode se consertar.

Que venham robustos cobres,
Para o seu contentamento,
E que as populações pobres
Não passem constrangimento.
Que brancos e pretos não
Esbarrem na precisão,
Nem vislumbrem preconceito.
Que entendam que a fila anda,
Que penda pra sua banda
Amor, verdade e respeito.

Moreira de Acopiara

Quero que a felicidade
Chegue em seguro transporte;
Que não dependa de idade,
De dinheiro nem de sorte.
Mas que ela venha com tudo!
Transforme quem está sisudo,
Promova grande melhora.
Que em clima de comoção
Sua manifestação
Seja de dentro pra fora.

Que tenha um andar seguro,
De parelha com os honestos;
Confiante no futuro,
Tendo a bondade dos gestos.
Que aceite cada mudança,
Que a saudade chegue mansa,
Que os conselhos sejam sábios.
Que sua presença cure,
E que você me procure
Sempre com um riso nos lábios.

Tomara que você ria
Até seu rosto doer,
Que vivencie a alegria
De na vida surpreender.
Que tenha noites tranquilas,
Festas que não tenham filas,
Tempo para passear...
Que releia velhas cartas,
Tenha sempre mesas fartas
E paz em todo lugar.

Tomara que você ande
Por uma estrada bonita,
Que dirija um carro grande,
Nunca encontre gente aflita,
Que escute lindas canções,
Que viva grandes paixões,
Que engate boas conversas,
Faça fortes alianças,
E que semeie esperanças
Nas criaturas dispersas.

Moreira de Acopiara

Tomara que também possa
Andar por aí a esmo,
Que nunca fique na fossa,
Que ria de você mesmo,
Que chute o balde, mas que
Só falem bem de você!
Que encare grandes campanhas,
Conheça novas paragens,
Contemple belas paisagens
E fotografe as montanhas.

Que propale que o amor
É eterno e incondicional.
Tomara que passe por
Uma fase especial,
Com naturais recompensas.
Que eventuais desavenças
Não passem de coisa à toa.
Que supere os desafios,
E que sinta calafrios
Ao ver aquela pessoa.

Que dancem na sua frente,
Que brinquem com os seus cabelos,
Que apareçam de repente,
Que cocem seus tornozelos...
Que num clima bom de festa
Alguém beije a sua testa
Como jamais se beijou.
Que o povo nunca o esqueça!
Se esquecer, não se aborreça
E esqueça o que já passou.

Abrace quem você ama,
Suporte os que em nada ajudam,
Realce, sem fazer drama,
Que muitas coisas não mudam.
Não desperdice energia
E viva sempre a magia
De andar de cabeça erguida.
Como você é, aceite.
E, finalmente, aproveite
As coisas boas da vida.

Moreira de Acopiara

Que as relações pessoais
Deem a você mais sentido
E nos protejam! No mais,
É como Deus for servido,
Porque só Ele é quem sabe
Impedir que o mundo acabe,
Por ser bom, justo e fecundo.
Com o seu poder e grandeza,
Só Ele acalma a brabeza
Que tem abalado o mundo.

Que venham os dias

O tempo vindouro tem
Tudo para ser melhor
(Muito melhor) para quem
Não quer um mundo pior.
Então, que venham os dias,
Com sonhos, com alegrias,
Sol brilhante, lua clara,
Projetos concretizados,
Saúde e punhos cerrados,
Pois ele, o tempo, não para.

Moreira de Acopiara

Será fundamental ter
Sempre noção dos perigos
E olhos abertos pra ver
Como andam os inimigos.
É preciso um coração
Em chamas, ampla visão
E olhares comprometidos.
Alguns fatos são medonhos,
Mas é preciso que os sonhos
Estejam sempre aquecidos.

Não queira nada de graça,
Calcule o justo valor.
Quem coloca a mão na massa
Faz o pão com mais sabor.
A gente inventa uns esquemas,
Mas não evita problemas,
Angústias nem frustrações.
Se alguém quiser insultá-lo,
Não se abale! Vão ficar
Somente as boas ações.

O acaso é traiçoeiro,
E a caminhada, cruel.
Com cara de aventureiro,
Cumpra bem o seu papel.
É besteira vacilar.
Procure administrar
As rédeas do seu destino.
De todo jeito se arruma.
Os erros são seus. Assuma!
Nunca, nunca perca o tino.

Falsa humildade é pior
(Muito pior) que arrogância.
De quem diz ser o melhor
É bom manter-se a distância.
Não vá por aí a esmo
Nem abandone a si mesmo
Para amar o semelhante.
Ame primeiro você,
Que é, por A e por B,
A coisa mais importante.

Moreira de Acopiara

Para aumentar os seus dias,
Viva com tranquilidade.
Para alcançar utopias,
Enfrente a realidade.
Perdoe e peça perdão.
Saiba que ser forte não
É apanhar todo dia.
Amor não pode ter pausa.
Se não ama a sua causa,
Não cause desarmonia.

Entre partir e chegar
Existe um longo caminho,
Mas, quando o bicho pegar,
Você estará sozinho.
Qual é a sua mentira?
A sua verdade? A ira?
Pergunte ao seu travesseiro.
Viva sem provocar danos
E, quando for fazer planos,
Avise aos seus pés primeiro.

Raiva é fundamental,
Mas priorize o amor.
Lute por um ideal,
Seja um pacificador.
Manhãs de sol são bonitas,
Mas, nas horas esquisitas
De chuva e de tempestade,
É preciso trabalhar.
O mundo não vai parar
Por sua comodidade.

Não tem palavras bonitas?
Improvise umas verdades.
Canções são mais bem escritas
Em pobres comunidades.
Alguns amigos somente
Servem pra provar que a gente
Por si mesma se socorre.
Quando desejar ir fundo,
Pegue leve, pois o mundo
Só se acaba pra quem morre.

Moreira de Acopiara

Por séria que a vida seja,
Um amigo brincalhão
Diverte, acalma, festeja
E abranda a situação.
Com toda sabedoria,
Deus não fez tudo em um dia,
Então não queira correr.
Chance é pra se aproveitar!
Tem sempre alguém pra agarrar
Todas que você perder.

Estar certo é muito bom,
Mas ser gentil é melhor.
Uns afirmam que têm dom,
Outros derramam suor.
E é assim que a fila anda.
Um é mandado, outro manda,
Um quis, outro nunca quis.
Porém, no fim do roteiro,
É muito bom ter dinheiro,
Mas é melhor ser feliz.

Meu Nordeste é assim

Dois tesouros recebi
Do bondoso Pai Celeste.
Um foi só porque nasci
No miolo do Nordeste.
O outro foi não ser pobre,
Ter um bom coração, nobre,
Jeito de trabalhador...
Sendo que minha riqueza
Tem nome de fortaleza,
Liberdade, paz e amor.

Moreira de Acopiara

Cresci tostando os pés chatos
Nos chãos dos verões ardentes,
Sentindo o aroma dos matos
Nas manhãs tremeluzentes,
Esperando pela chuva
Pra ver formiga saúva
Na boca do formigueiro
E a tanajura subindo,
Voando baixo e caindo,
Escurecendo o terreiro.

É muito bom ter crescido
Espiando o arrebol
Do Nordeste ressequido,
Branquinho como um lençol,
E o matuto bronzeado
Endireitando um arado,
Um quixó ou um chiqueiro,
Encangalhando um jumento,
Curtindo o frescor do vento
Na sombra de um juazeiro.

Ser poeta me fascina,
Me comove... Muito mais!
É ver a luz matutina
Corando os carnaubais,
Faiscando nas distâncias,
Sofisticando as fragrâncias
Da lagoa esturricada,
E o peba gordo e mal feito
Cavando um buraco estreito
Na vazante perfumada.

Viver no Nordeste é luxo!
Plantar, colher todo dia,
Na roça lavando o bucho
Com água de melancia,
Mais tarde voltar pra casa
Trilhando vereda rasa,
Pisando em rastro de vaca,
Com meu jeitão de matuto
Fumando cigarro bruto
De fumo de Arapiraca.

Moreira de Acopiara

É com orgulho que canto
O rio seco e a rama.
E o pé da serra, que tanto
Embeleza o panorama.
Na chapada e no outeiro,
Vê-se umburana de cheiro
Frondosa, de galhos finos,
Onde o papagaio dança
Verde da cor da esperança
Dos meus irmãos nordestinos.

Minha terra tem as cores
De um arco-íris selvagem.
O calor calcina as flores,
Mas não devasta a paisagem.
A serra, mesmo marrom,
Mostra um filme belo e bom
Aos olhos de quem visita.
Olhando de canto a canto,
É fácil notar o quanto
A região é bonita.

Sendo que a gente observe
Tem a perfeita impressão
De que a água da praia ferve
Na quentura do verão.
Mas o Nordeste é assim!
A neve é cor de marfim,
E o céu é azul-turquesa.
O mar, sempre esverdeado,
É um gigante assanhado
Nos braços da natureza.

Além, muito além da praia,
Em todo final de dia,
A gente enxerga a jandaia
Buscando uma sombra fria.
Voando e tagarelando,
Pousa num coqueiro e, quando
Se posta diante da luz,
Mostra o seu belo perfil,
Canta e saúda o Brasil
Por tudo que ele produz.

Moreira de Acopiara

Se acaso alguém perguntasse
Onde eu queria morrer,
Diria: onde sol nasce
Para a noite se esconder;
E onde a lua esbranquiçada
Passeia bela e folgada
Harmonizando o espaço,
Crescendo e diminuindo,
Inspirando e aplaudindo
Cada poema que faço.

Aos mestres com carinho

Minha primeira incursão
Pelo chão da poesia
Aconteceu no sertão,
Lugar de luz e magia,
Onde vivi satisfeito
E adquiri o direito
De andar com dignidade.
No meu Ceará de Iracema,
Li o primeiro poema
De sonho, amor e saudade.

Moreira de Acopiara

Foi ali que conheci
Antônio Maracajá.
No seu verso descobri
Toda a beleza que há
Num folheto de cordel
E o fundamental papel
Por ele desempenhado.
Maracajá me dizia
Que, se eu buscasse, seria
Poeta qualificado.

Mas ele também dizia
Que eu precisava estudar,
Ler contos, crônicas, poesia,
As estrelas e o luar.
Que não perdesse a humildade,
Perseguisse a qualidade,
Ouvisse os mais preparados,
Construísse a melhor rima,
Cuidasse da autoestima
E olhasse sempre os dois lados.

Sempre calmo, ele apontava
Os erros que eu cometia,
Mas muito me orientava,
E isso me dava alegria.
Era dos mais criativos.
Por esses e outros motivos,
Gosto desse brasileiro,
Orgulho do Ceará.
Antônio Maracajá
Foi o meu mestre primeiro.

Orientado por ele,
Comprei os cordéis famosos.
E escutei os versos dele,
Robustos e poderosos.
Ouvi outros repentistas,
Cordelistas e coquistas,
Mestres da oralidade...
Li Casemiro de Abreu,
Que logo me remeteu
A Carlos Drummond de Andrade.

Moreira de Acopiara

Eu já tinha devorado
Cordéis de Leandro Gomes
De Barros e estudado
Athayde e outros nomes
Nascidos no sertão seco,
Como o bom José Pacheco,
Além de José Bernardo
E alguns outros cordelistas.
Cresci lendo esses artistas,
E acho que fui felizardo.

Por esse tempo eu já tinha
Dezesseis anos de idade
E produzindo já vinha
Com certa velocidade.
Mas nessa fase o sujeito
Não pode escrever direito,
Pois tem pouca experiência,
E, para atingir bom nível
Nessa caminhada incrível,
É preciso paciência.

E foi o que sempre tive
Nos anos iniciais,
Sabendo que nesse aclive
O menos pode ser mais.
E o mais foi se projetando,
E eu fui crescendo, ganhando
Mais respaldo e confiança,
Tentando fazer bonito,
Vivendo cada conflito,
Notando cada mudança.

Foi então que conheci
Patativa do Assaré.
Quando o vi, estremeci,
Fiquei de cabelo em pé,
Pois eu o admirava
Como estrela que brilhava
No céu mais lindo do mundo.
Esse bardo sertanejo,
Com sua verve e traquejo,
Foi o meu mestre segundo.

Moreira de Acopiara

E o vi a primeira vez
Na cidade de Iguatu.
Quando ele me avistou, fez
Grande festa e disse: "Tu
És grande!" E muito agitou-se.
Com voz bem postada e doce,
Já bem pertinho de mim,
Falou com sabedoria,
E eu senti uma alegria
Que nunca mais teve fim.

Eu lhe mostrei um poema,
E ele leu compenetrado.
Disse que gostou do tema,
Mas que eu tivesse cuidado
Para não errar na rima.
E prosseguiu: "Desanima
Ver desmetrificação.
Não subestime ninguém,
Corra atrás e faça bem,
Não entre em contradição".

Patativa disse mais
Em outras ocasiões:
"Fale de amor e de paz
Em suas declamações,
Trabalhe a diversidade,
Cante a força de vontade
De quem derrama suor
Buscando a sobrevivência.
Com versos e paciência,
Construa um mundo melhor".

Disse ainda o Patativa,
Com sua simplicidade:
"O cordel que nos motiva
Fala de fraternidade,
De notícias, de lembranças,
De trabalhos, de esperanças,
De saudades, de aventuras,
De sertão, de serra e mar.
E é Cultura Popular,
Base das outras culturas".

Moreira de Acopiara

Essas lições importantes
Eu consegui receber
Desses dois mestres brilhantes,
Que nunca hei de esquecer.
Dois homens que me inspiraram,
Que partiram, mas deixaram
Fecundas semeaduras.
Para mim, dois consagrados
Que deverão ser lembrados
Pelas gerações futuras.

Mas eu não posso esquecer
A geração mais recente,
Que também me fez crescer,
Por ser muito competente.
Lembro Gonçalo Ferreira,
Geraldo Amâncio Pereira
E o bom Bule-bule, aos quais
Fui e sou agradecido.
Essas estrelas têm sido
Meus mestres, sempre atuais.

Aplaudo também aqueles
Mais jovens que não citei,
Mas que eu gosto muito deles,
E sempre agradecerei
Pela sincera amizade
E pela muita vontade
De ver o cordel mais forte.
Quero ter vida e saúde
Para ver a juventude
Tendo inspiração. E um norte.

Quanto mais livres, mais belos

Tiê-sangue é uma ave
Que vive no interior,
Possui um canto suave
E porte revelador.
É vista nas capoeiras,
Nas restingas e nas beiras
De mata do litoral,
Gosta de lagoa e mangue,
Tem o corpo cor de sangue
E beleza sem igual.

Asas negras, branco bico,
Cauda também muito preta,
Possui o matiz mais rico
De todo o nosso planeta.
Mas as suas lindas cores
Atraem uns criadores,
Que, a fim de ganhar dinheiro,
Usam de gesto mesquinho
E colocam o passarinho
Para viver prisioneiro.

Mas esse pássaro tão lindo,
De colorado tão vivo,
Que o homem está perseguindo
Não aceita ser cativo.
Toda vez que aprisionado,
Fica triste, desbotado,
Sem vigor e sem beleza.
Seu bonito pigmento
Só se revela a contento
Com ele na natureza.

Moreira de Acopiara

É que, estando em liberdade,
O tiê pode encontrar
Alimento em quantidade
E pode selecionar
Sementes, frutos e insetos
Com os nutrientes completos,
Mais a pigmentação
Que as variedades contêm.
E é assim que ele mantém
Tão linda coloração.

Então sua boniteza
Sempre está relacionada
À força da natureza,
Que é sábia, não erra em nada,
Possui grande variedade
De bichos em liberdade,
Com quem mantém fortes elos.
Logo se pode ver que
Outros pássaros e o tiê,
Quanto mais livres, mais belos.

Nesse aspecto o ser humano
Se parece com o tiê:
Deve reinar soberano
E sem entraves, porque,
Ao sentir-se aprisionado,
Fica desorientado,
Perde alegria e matiz.
O homem na sociedade
Precisa de liberdade
Pra ser bonito e feliz.

E ele necessita alçar
Grandes voos em pensamentos,
Estar bem e se cercar
Dos mais nobres sentimentos,
Nutrir-se de ideais,
Reciclar-se, querer mais,
Não ir por aí disperso,
Relacionar-se sem medos
E andar sondando os segredos
Do homem e do universo.

Moreira de Acopiara

Os jovens, por natureza,
Têm sede de liberdade.
Nela extrapolam beleza,
Mas uma variedade
De vícios os enfraquecem
E eles, sem defesa, descem
E suas forças se esgotam.
Nessa precipitação,
Quando percebem que estão
Aprisionados, desbotam.

Esses jovens deveriam
Mostrar suas lindas cores,
Só que muitos se entediam
E entre pequenos valores
Desejam se confundir
Com grupos até cair
No cativeiro infeliz
Das mídias e dos modismos.
Já no pior dos abismos
Dizem: "Não foi o que eu quis".

O prisioneiro dos vícios
Perde o prazer de viver.
Diante desses malefícios
Fica fácil se perder.
Perde a alegria, a saúde,
Desperdiça a juventude...
E o que restou de esperança
Nesse escuro se dissolve,
Porque, coitado, se envolve
Com sonhos que não alcança.

É preciso que encaremos
A nossa realidade.
Todos (sem exceção) temos
Alguma dificuldade.
Entretanto, diga: "Posso!"
Vamos melhorar o nosso
Modo de ser e de agir,
Tendo os nobres sentimentos
Como nossos alimentos,
Para não nos destruir.

Moreira de Acopiara

Temos que influenciar
O meio em que vivemos,
Mas é preciso mostrar
O lado melhor que temos:
Nossas práticas caridosas,
Atitudes amorosas...
E não cair no engano
Da negação das virtudes
Nem das fracas atitudes
Que desbotam o ser humano.

Seja como o tiê-sangue,
Livre e belo nas andanças;
Pense grande, não se zangue,
Nutra grandes esperanças.
Na capital ou na aldeia,
Lembre-se: não é de areia
Que se fazem bons castelos.
Somos passarinho que,
A exemplo do tiê,
Quanto mais livres, mais belos.

De repente

As pessoas de repente
Não puderam mais sair
E se aquietaram, somente
Por não ter mais onde ir.
Mais calmas e em suas casas,
Voaram fora das asas,
Leram muito, descansaram,
Pensaram, se divertiram,
Escutaram, discutiram,
Se exercitaram e amaram.

Moreira de Acopiara

De repente ouviu-se um grito
Que no planeta ecoou,
O céu ficou mais bonito,
E o povo dançou, rezou,
Aprendeu novas maneiras
De incrementar brincadeiras
E olhar pelo mais carente,
Abrandou, respirou fundo
E passou a ver o mundo
Com uma visão diferente.

De repente alguém buscou
O bem das outras pessoas,
Sentiu falta e se assustou
Porque perdeu coisas boas.
Muitos até melhoraram,
Refletiram, relaxaram,
Falaram ao pé do ouvido.
Houve alguns que estremeceram.
Todos, porém, perceberam
Que a vida tem mais sentido.

E o lindo planeta Terra
Começou a se curar.
Aquele cheiro de guerra
Que andava empestando o ar
De repente terminou.
E todo mundo aceitou
As muitas portas fechadas,
Os trabalhos inconclusos,
Os longos dias reclusos
E as distâncias aumentadas.

De repente perceberam
Que as relações melhoraram,
Que as amizades cresceram
E as famílias se encontraram.
Lapidaram os argumentos,
Requintaram os sentimentos,
Aprimoraram paixões...
De amor deram grandes provas
E olharam os irmãos com novas
E tocantes expressões.

Moreira de Acopiara

De repente ouviu-se um "oi"
De uma gente mais regrada.
De repente a terra foi
Mais respeitada e amada.
Ficamos mais cautelosos
E olhamos para os idosos
Com mais interesse e calma,
E pudemos constatar
Que é importante cuidar
Melhor do corpo e da alma.

De repente contemplamos
O mundo entrando nos trilhos,
E muito nos alegramos
Brincando com nossos filhos.
O sol ficou mais brilhante,
A lua, mais radiante,
As noites, mais luminosas,
As águas, mais cristalinas,
As aves, mais bailarinas,
E as plantas, mais perfumosas.

Aprendemos que não cabe
Ao homem querer ser mais,
Porque a natureza sabe
Que somos todos iguais.
E, quando a gente exagera,
Ela, justa, nada espera,
Alerta cada inquilino.
Então não sejamos rudes,
Porque nossas atitudes
Escrevem nosso destino.

Eu queria

Confesso que gostaria,
Neste sentido poema,
De falar sobre alegria,
Ou abordar algum tema
De extremada relevância,
Ou decantar a importância
Grande da literatura,
Mas fui desestimulado
Diante do pouco cuidado
Com nossa rica cultura.

Poemas para adiar o fim do mundo

Eu queria aqui falar
Da dádiva da natureza,
Das matas do meu lugar
E da tão grande beleza
Da fauna, dos nossos rios,
Que me causam calafrios,
Que nos dão tranquilidade.
Busquei me comprometer,
Mas não quiseram saber
De biodiversidade.

Eu quis pedir providências
Ao governo federal
Sobre as trágicas consequências
Do aquecimento global.
Mandei recados, liguei,
Esclareci, esperei,
Mas foi em vão minha espera,
Pois eles não retornaram.
E o pior: continuaram
Poluindo a atmosfera.

Moreira de Acopiara

Eu procurei eloquência,
Clareza e velocidade
Para falar de prudência,
Direito e necessidade
De conhecimento para
Botar um riso na cara
E revelar as verdades
Que o povo está precisando,
Mas vi que estão sufocando
Nossas universidades.

Quando me senti disposto,
Quis falar dos benefícios
De um tema há muito proposto
Para findar desperdícios.
Então procurei aqueles
Mais perspicazes, mas eles,
Sem rumo e sem paciência,
Seguiram se desgastando,
Gastando muito e cortando
Os recursos da ciência.

Eu desejava falar
Sobre consolo, alegria,
Floresta, sertão e mar,
Escola e cidadania.
Tentei falar de amizade,
Autoestima, liberdade,
Humor, trabalho e amor,
Mas eles não me escutaram,
E alguns até me tacharam
De tolo e de sonhador.

Meu desejo era falar
Aqui dos homens de bem
E da importância de amar
Sem interesses, porém,
Depois de comprido prazo,
O que notei foi descaso
Nos mais diversos setores,
Onde quem consegue apoio
Confunde trigo com joio
E exalta torturadores.

Moreira de Acopiara

Eu desde o começo quis
Falar sobre o lindo povo
Do nosso imenso país
Relativamente novo.
Quis cantar grandes amores
E gabar compositores,
Trabalhadores, artistas
E projetos exitosos,
Mas vi que alguns poderosos
Não querem minhas conquistas.

Eu quis cantar a igualdade,
Meu ideal de justiça
E a solidariedade,
Coisa que muito me atiça.
Mas vislumbrei comodismo,
Ostentação, narcisismo
E perigosos currais.
Atrás de ricas tribunas,
Poucos ganhando fortunas,
Mas querendo muito mais.

Pensando no meu futuro,
Desejei falar de sonhos,
Mas recuei, inseguro,
Pois vi cenários medonhos.
E me lembrei de senhores
Que às vezes gastam horrores
Com vinhos e camarões
Para o povo custear,
E eu mal podendo pagar
Minhas próprias refeições.

Confesso que quis falar
De iniciativas legais,
Mas, depois de caminhar
Por terrenos desiguais,
Vi meu esforço perdido,
Pois não fui correspondido
Nesse amor que dediquei.
Encontrei mais de um racista,
Intolerante e machista,
E me decepcionei.

Moreira de Acopiara

Eu desejei construir
Aqui um lindo roteiro
Que pudesse divertir
Cada jovem brasileiro.
Não quis parecer cansado,
Sem foco e desmotivado,
Mas os meus olhos choraram
Ante o que os jovens viram,
Do muito que lhes mentiram
E do que lhes ensinaram.

Procurei estar tranquilo,
Com o mais acertado plano,
Para falar sobre aquilo
Que enobrece o ser humano,
Mas vi umas lideranças
Assassinando esperanças,
Fazendo o povo de escória,
Banindo a filosofia,
Desprezando a poesia,
Escrevendo triste história.

Importantes conselhos

Faça com que sua vida
Seja de conforto e festa,
Mas procure viver longe
De pessoa desonesta.
O melhor mesmo é ficar
Perto de gente que presta.

Moreira de Acopiara

Abra os olhos, pois tem gente
Querendo passar rasteira.
Tem um que só torce contra,
Outro que só dá canseira,
Mas é bom manter a calma
E não brigar por besteira.

Cuidado com desmantelo,
E amor é o que nos atiça.
Tire um final de semana
Regido pela preguiça,
Que é pra apagar da lembrança
Quem cometeu injustiça.

Os invejosos estão
Camuflados na tocaia,
Desejando que você
Não tenha forças e caia,
Se esparrame na calçada,
Se arranhe e leve uma vaia.

Procure se organizar,
Mas nem pense em desespero.
Pra não passar aperreio,
Olhe pra você primeiro.
Tudo um dia vai passar,
Até falta de dinheiro.

Talvez alguém queira ainda
Maltratar seu coração.
Muitas e sebosas almas
Ainda aparecerão,
Mas faça como eu lhe digo:
Procure outra direção.

Não há de faltar um traste
Com o desejo atentar.
Então fuja desse povo
Que só sabe atrapalhar.
Mas não se afobe, e convoque
A mundiça pra brincar.

Moreira de Acopiara

Levante a cabeça e olhe
Na direção do futuro,
Pois quem não ajunta agora
Pode enfrentar muito apuro.
Tenha sempre uma reserva,
Nunca dê tiro no escuro.

A gente erra e acerta,
Mas cresce quem menos erra.
Escute quem sabe mais,
Se precisar suba a serra.
Tenha cuidado com quem
Não vale o que o gato enterra.

Se não vai dar conta, por
Favor não se comprometa.
Se vierem elogios,
Ouça, mas não se derreta.
As amizades sinceras
Guarde em segura gaveta.

É necessário saber

Se defender dos perigos.

E não se iludir diante

De suntuosos jazigos.

Faça por onde subir

E cuide de me incluir

Na sua lista de amigos.

Meu melhor poema

Já pude fazer poema
Falando apenas das mãos,
Depois busquei outro tema
E cantei os anciãos.
Falei de sonhos perdidos,
Caminhos desconhecidos
E variados perfis
De governantes medonhos,
Mas os versos dos meus sonhos
Acho que ainda não fiz.

Já fiz poema de amor,
De paz e de liberdade,
Amigo, alegria, dor,
Tristeza, sonho e saudade.
Já compus versos jocosos,
Sérios, espalhafatosos...
E já cantei Beatriz
Do paraíso de Dante,
Mas um poema marcante
Acho que ainda não fiz.

Já fiz poema falando
De pitomba e de juá,
De jumento relinchando,
De carreira de preá,
De açude, de cacimbão,
De matuto... Do sertão,
De nambu, de codorniz,
De graúna e seriema...
Mas o meu melhor poema
Acho que ainda não fiz.

Moreira de Acopiara

Já compus versos falando
Do lugar onde nasci
E do qual vivo lembrando
Desde o dia em que parti
Atrás de dinheiro e fama.
Já fiz versos para dama,
Velha, nova e meretriz,
Igrejas e cabarés,
Mas meus versos nota dez
Acho que ainda não fiz.

Já cantei a lua clara,
Já cantei o sol poente,
Já cantei Acopiara,
Minha paixão, meu presente.
Já cantei bases e cumes,
As tradições e os costumes
Do povo do meu país,
Com o qual não sei se sou justo,
Mas um poema robusto
Acho que ainda não fiz.

Já fui discreto e exato
Cantando a Academia
Dos Cordelistas do Crato,
Que a gente muito aprecia.
Para a ABLC
Já fiz uns versos, porque
Ela me deixa feliz,
Aplaude, orienta e cobra,
Mas a minha grande obra
Acho que ainda não fiz.

Desejando evoluir,
Já fiz versos pra Dalinha,
Lucarocas, Josenir,
Nezite, Anilda, Bastinha,
Dideus, Luciano Carneiro,
Gonçalo, Manoel Monteiro,
Dedé, Donzílio Luiz...
Mas, nessa minha investida,
Os versos da minha vida
Acho que ainda não fiz.

Moreira de Acopiara

Já fiz poema dizendo
Que é triste viver sozinho,
Que é ruim viver sofrendo,
Que é bom alargar caminho,
Que é certo estar sempre alerta,
Que a gente erra e acerta,
Que um forte não se maldiz,
Não desce nem desanima,
Mas a minha obra-prima
Acho que ainda não fiz.

Já fiz poema falando
Das pirâmides do Egito,
Das maravilhas de Orlando,
Das novidades de Quito,
Dos mistérios de Sodoma,
Dos monumentos de Roma,
Das belezas de Paris,
Daqui e de Portugal,
Mas meu poema ideal
Acho que ainda não fiz.

Já cantei Santa Luzia,
Que é protetora da luz,
Fiz versos para Maria,
Bondosa mãe de Jesus,
Já cantei São Sebastião,
São Cosme, São Damião,
Clara, Francisco de Assis,
Santo Tomás de Aquino,
Mas um poema divino
Acho que ainda não fiz.

Estudei (e ainda estudo)
O bom Gustavo Barroso,
Diegues e Câmara Cascudo,
Cada qual mais cuidadoso.
Depois de iniciativas
E quase mil tentativas,
Não acertei por um triz.
Mas não me acomodarei,
Pois os versos que sonhei
Acho que ainda não fiz.

Não deixe de ir

Está grande a correria
No mundo globalizado,
Mas aqui eu gostaria
De registrar um recado
Ou fazer simples pedido,
Pois nem tudo está perdido,
Mesmo com tanta mudança.
É grande a velocidade
E a nossa fragilidade,
Mas inda resta esperança.

De modo que o melhor mesmo
É saber aproveitar,
Não ir por aí a esmo
E nunca se acovardar.
Há muita coisa a fazer,
E é importante correr
Atrás de cada momento.
Valorize o seu trabalho,
Pense em cada ponto falho,
Pois nem tudo é cem por cento.

Está caro e complicado?
Um novo tempo virá.
Você também foi lembrado?
Arrume as coisas e vá.
Pode ser longa a viagem?
Talvez, mas junte coragem,
Aproveite que está vivo.
Vá visitar sua tia
Velha que aniversaria
E andava atrás de um motivo!

Moreira de Acopiara

Seu filho tem um amigo
Que vai festejar os anos?
Vá lá, que não tem perigo
De alguém frustrar seus planos.
A turma da formatura
Preparou certa estrutura
A fim de comemorar
Mais de vinte anos depois?
Vá lá e aproveite, pois
Tudo um dia vai passar.

Vai ter amigo secreto?
Ora, pegue o carro e vá.
Aniversário do neto?
Vá também! Isso trará
Muitos ganhos. E funciona!
Invista numa carona,
Vá de carro, de avião
Ou mesmo na caminhada,
Prestando atenção na estrada
Que dá no seu coração.

Vá para um hotel barato
Ou para a casa da tia,
Demonstre também ser grato,
Que todo mundo aprecia.
Se não quiser esse amparo,
Procure um hotel mais caro
Ou se hospede na pousada.
Parcele as passagens, vá,
Que você se sentirá
Alegre e de alma lavada.

Deseja saber por que
Estou dizendo que vá?
Eu já respondo, e você
Na certa me entenderá.
Nos momentos de tristeza,
Nós vamos, por gentileza
Ou só por obrigação.
Se alguém adoece e morre,
Você para tudo, corre
E vai prestar atenção.

Moreira de Acopiara

Quando sabe de um velório,
Você cancela o serviço,
Esquece algum falatório,
Não marca mais compromisso,
Pede folga, se adianta,
Se arruma, cancela a janta,
Se aprofunda nos assuntos,
Liga para os conhecidos,
Mesmo os que não são queridos,
E todos vão chorar juntos.

Isso é bonito demais!
E é melhor que seja assim,
Pois reina brisa de paz
E abranda clima ruim.
E, já que vivos estamos,
É muito bom que estejamos
Juntos nas reuniões
De alegria sem medida
Para celebrar a vida
E esquecer as frustrações.

Então vá, marque presença,
Mesmo que ninguém o chame.
Será grande a recompensa!
Mas, se não for, não reclame,
Que as coisas são transitórias.
Bote fé noutras vitórias,
Trace novas diretrizes
E aproveite cada dia.
Busque viver a alegria
Desses encontros felizes.

Sobre a morte

A morte é grande mistério,
Não marca lugar nem hora.
Pode chegar lentamente
Ou mesmo sem ter demora.
De todo jeito ela chega
E leva o sujeito embora.

Quando chegar minha vez,
Quero que alguém faça assim:
Me leve para o sertão,
Onde hei de virar capim
Para cavalos e burros
Pisarem em cima de mim.

Não preciso de velório,
Mas quero uns amigos meus
Dizendo versos, cantando
No meu derradeiro adeus.
E que todos fiquem bem
Nesse mundão de meu deus.

Se alguém não gosta de mim,
Se achar que fui fraco ou chato
Ou que não fui bom poeta...
Relaxe, deixe barato.
Posso também ter errado,
Mas procurei ser exato.

Moreira de Acopiara

Desejo ser enterrado
À beira de um matagal,
Perto de alguma porteira,
Um ponto fundamental
Onde o gado escaramuce
Na direção do curral.

Quero carneiros e cabras
Perto do pé da porteira,
Feita de tronco de angico,
Que dá para a capoeira,
E os touros coçando a cara
Na minha cruz de aroeira.

E, se acaso a minha cova
For à beira de um caminho,
Se por lá você passar,
Acompanhado ou sozinho,
Desapeie, pense e escute
Um canto de passarinho.

Mas, se você não notar
Ali um sinal de cova,
Ou se não quiser me dar
Do seu amor grande prova,
Não tem nada, siga em frente,
Porque tudo se renova.

Venha me ver

Por favor, venha me ver,

Esqueça as horas incertas,

As compridas travessias

E as estradinhas desertas,

Pois aqui tenho surpresas

Para serem descobertas.

Venha me ver! E, se o dia
For de sol, será perfeito.
Mas, se acaso for de chuva,
Vai ser bom do mesmo jeito.
Com sua presença vou
Ficar muito satisfeito.

Não demore, dê um jeito
E venha logo me ver,
Pois eu vou fazer de tudo
Para você conhecer
Algumas coisas incríveis
Que eu sou capaz de fazer.

Venha me ver, não demore,
Você conhece o caminho.
E sabe que não é bom
Um ser humano sozinho.
Se puder, venha voando,
Do jeito de um passarinho.

Moreira de Acopiara

Você vindo, a gente pode

Comer pipoca, brincar,

Conversar, olhar o céu,

Ou apenas se deitar

Em frente a um lugar tranquilo

E olhar o tempo passar.

Se você vier, será

O melhor dos meus presentes.

Nós poderemos até

Avistar outros parentes,

Desenhar... E caminhar

Por lugares diferentes.

Se você vier, por certo

Digamos versos de cor,

Façamos uns exercícios,

Derramaremos suor,

Contribuiremos para

Que o mundo seja melhor.

Se você vier, não vamos
Gastar nosso tempo à toa.
E eu ainda lhe garanto
Que aqui tem uma pessoa
De muito bom gosto que
Vai nos dar comida boa.

Você vindo, vou sentir
Uma alegria sem fim.
Nós vamos poder brincar
Entre a horta e o jardim,
E eu vou, com tranquilidade,
Deixar você rir de mim.

Venha falar de paixões
Que fazem você vibrar,
Ou fale do que quiser,
Mas, se não quiser falar,
Basta sentar do meu lado
E olhar o tempo passar.

Moreira de Acopiara

Venha, vou fazer de tudo
Para não a aborrecer
E deixar sua pessoa
Com mais graça, mais poder.
Até mesmo os nossos medos
Hão de desaparecer.

Por favor, não dê maçada,
Venha de coração brando,
Pés no chão, alma lavada,
Sorrindo e cantarolando.
De toda maneira vou
Continuar esperando.

E, enquanto você não chega,
Vou tentar me distrair.
Pensando na sua vinda,
Tão cedo não vou dormir,
Mantendo acesa a esperança
De que você há de vir.

Se você se dispuser
A fazer-me uma visita,
Tem uma coisa importante
Que acho bom que seja dita:
A minha existência vai
Ficar muito mais bonita.

Tudo acaba

Depois de olhar para os lados,
Para baixo e para cima,
Os mares encapelados,
As variações do clima,
As maravilhas do amor,
A sutileza da flor
E os beija-flores tão ágeis
Buscando alimentação,
Eu cheguei à conclusão
De que somos muito frágeis.

E até por isso é preciso
Que nos conscientizemos
De que nosso paraíso
Nós mesmos é que fazemos.
E o bom é aproveitar,
Mas nunca desperdiçar
Nem vibrar com quem se gaba
Ou tem excessiva pressa,
Porque tudo que começa
Tem o seu tempo. E acaba.

Acaba o belo e o bom,
O jeito, a força, o prazer,
A tendência, a graça, o dom,
A alegria e o poder.
Acaba o gosto, a beleza,
O pudor, a fortaleza,
A libido, a juventude,
A vontade, a paciência,
A lamúria, a prepotência,
O sucesso e a saúde.

Moreira de Acopiara

Então, para que querer
Humilhar e maltratar,
Brigar por fama e poder,
Se tudo vai se acabar?
Tendo ou não tendo um império,
O fim é no cemitério,
Onde reina a solidão,
A terra serve de cama
E o corpo padece o drama
De entregar-se à podridão.

Para que tanta arrogância,
Tanta gente assim tão chata?
E para que petulância
Nessa humanidade ingrata?
Por que tanta imposição,
Tanta discriminação,
Tanto serviço malfeito?
Para que tantos engodos,
Se, no fim de tudo, todos
Findamos do mesmo jeito?

Se tudo se acabará,
É melhor tomar cuidado.
Para cada coisa há
Um tempo determinado.
Acaba o seu companheiro,
Seu carrinho, seu dinheiro,
O bom cavalo, o bom trato,
Sua rocinha, seu gado,
Seu riso, seu bom estado,
Seu talento e seu retrato.

Pois o tempo passageiro
Cobra e oferece troco.
E é bobagem ter dinheiro
No momento do sufoco.
O senhor da morte vem,
Carrega o que você tem,
Leva os seus familiares,
Destrói o sonho, a ilusão,
Os amigos e a razão,
Porque virão outros ares.

Moreira de Acopiara

Aqui se acaba o barulho,
A calma e a elegância;
Aqui finda todo orgulho
E se extingue a relevância.
Aqui tem termo o enfezo,
O desengano, o desprezo,
A dor e a fraternidade.
Aqui se fina o sossego,
Desaparece o apego
E a superioridade.

Aqui desvanece a busca
Por coisas materiais
E expira a ambição que ofusca
Planos de amor e de paz.
Aqui tem fim a vaidade,
A mentira, a falsidade,
A competência e a glória.
Aqui morre a ambição,
Aqui se estraga a paixão,
Termina aqui essa história.

O caminho lá de casa

Se você quer ir lá em casa,
Vou ensinar direitinho:
Saindo de Acopiara,
É só pegar o caminho
Que segue para Mombaça.
Preste atenção que ele passa
Encostado do Cantinho.

Moreira de Acopiara

Pertinho das Aroeiras
Tem uma mercearia.
Por ali maneire o passo,
Fique um pouco de vigia,
Quebre para a esquerda e vá
Que lá em casa chegará
Em menos de meio dia.

A bem da verdade, são
Sete léguas (mais ou menos).
Ali você achará
Irregulares terrenos,
Uma estrada esburacada
E, na beira dessa estrada,
Matos grandes e pequenos.

Mas, se você for de carro,
É bom que vá devagar,
Pois naquela buraqueira
O carro pode quebrar.
Já se você for a pé,
Pode demorar, mas é
Certeza que vai chegar.

Tem um pedaço de asfalto,
Coisa da modernidade,
Mas ainda bem que é só
Na saída da cidade.
Depois é estrada de terra.
Vá por ela que não erra
A minha comunidade.

Pra você se adiantar,
Eu vou lhe dizer bem dito
Todo o trajeto. Você
Passa no Sítio Cambito,
Em seguida vai passar
No Alegre e no Bom Lugar,
Que além de bom é bonito.

Passe pelo Parazinho,
Que é pertinho da Chapada.
Quando chegar na Floresta,
Repare uma encruzilhada
E siga pela direita.
É estradinha muito estreita,
Mas ali não tem errada.

Moreira de Acopiara

Entre nela e vá direto,
Preste atenção no caminho;
Se for período chuvoso,
Vai ver muito passarinho.
Beba a beleza na fonte,
Porque o Belo Horizonte
Faz divisa com o Cantinho.

Tem uma ladeira grande!
Suba toda e, depois, é
Muito bom que pare um pouco,
Pois ali mora o Pelé,
Tocador de berimbau,
Um amigo em alto grau
E bom vizinho do Zé.

O Zé é primo do Vanda,
Que foi muito jogador
De futebol quando novo,
Forte e cheio de vigor.
Mas hoje não joga nada,
Possui a cara enrugada
E o cabelo de alva cor.

Se quiser, beba uma água
Lá no Raimundo Anania,
Que é um sujeito disposto,
Negro de garra e valia.
Já foi muito cachaceiro,
Mas hoje está mais caseiro,
Só por causa da Maria.

É ela a mãe dos seus filhos
E a mulher do seu agrado.
Pode perguntar por mim
Que será logo informado,
Pois ali sou conhecido,
E aquele povo tem sido
Prestativo e educado.

Você vai ver que o terreno
Ali é um pouco deserto;
Mais um pouco e você chega
No terreiro do Norberto.
Preste atenção no caminho,
Atravesse o riachinho,
O seu destino está perto.

Moreira de Acopiara

Siga em frente, vá sem medo,
Por aquela mesma estrada;
Quando avistar mais na frente
Um terreiro, uma latada
E um casarão muito antigo,
Ali mora um seu amigo,
Já pode fazer parada.

Não é um Sítio tão grande,
Mas é muito especial;
Na frente tem um açude,
Mais à direita, um curral,
Algumas boas vaquinhas,
Patos, guinés e galinhas
Ciscando pelo quintal.

Entre os pés de cajarana
Que sombreiam o meu oitão,
Pode ser que ouça uns latidos!
Mas se acalme, é Tubarão.
Não é um cachorro brabo!
Chame que ele abana o rabo
E vem cheirar sua mão.

Se eu não estiver por perto,
É que estarei ocupado
Com os afazeres do Sítio,
Talvez cuidando do gado
Ou de alguma plantação.
Mas arreie o matolão
E já se sinta arranchado.

Dos meus amigos de infância
Não tem mais quase ninguém;
O Budé já se acabou,
Antõe Raimundo também,
E eu não sei o paradeiro
Do Chiquinho sanfoneiro,
Nem sei se ele inda aqui vem.

Josa mudou-se pro Rio,
Reside numa favela;
Ciço é pedreiro em Vitória,
Prua esticou a canela,
Zeto entregou-se à bebida...
Sônia vai tocando a vida,
Mas inda me lembro dela.

Vale de lama

Quando acontecem tragédias,
O povo sofre e reclama.
Ouvi alguém comentando:
"Minas, o Brasil te ama!
Se tu tivesses um mar,
Não seria um mar de lama".

Mas, infelizmente, Minas,
Já te fizeram dois mares
De lama infecta, deixando
Submersos muitos lares
E ares de destruição
Em diferentes lugares.

Antes dos mares de lama,
Já destruíram montanhas.
Serras foram devastadas,
E malfadadas campanhas
Deixaram Minas Gerais
Com aparências estranhas.

Hoje eu pergunto: – Cadê
Meu pé de jaborandi?
Pra onde levaram o meu
Cachorro que estava aqui?
E a minha casa, cadê?
Não fui eu que a destruí.

Moreira de Acopiara

Onde foi que se meteram
Minha horta, meu cavalo,
Meu boi, meu cultivador,
Minha vaquinha, meu galo?
E minha escola, cadê?
Choro quando nela falo.

Cadê meu pai, minha mãe,
Meus livros e meu irmão?
E a minha roça de milho?
Cadê meu pé de mamão?
E onde estão as minhas botas
E o meu carrinho de mão?

Vi uma mãe escutando
Seu filho lindo e sapeca.
E ele dizia: "Mamãe,
Cadê a minha peteca?"
Já sua filha indagava:
"Onde está minha boneca?"

O mar de lama levou
Meus muitos e lindos sonhos.
Destruiu o meu quintal,
Deixou meus irmãos tristonhos,
Inseguros, mergulhados
Em pesadelos medonhos.

O mar de lama levou
Minha rede e minha cama,
Meu chinelo, meu chapéu,
Meu perfume e meu pijama,
Mas não levou a ganância
De quem construiu a lama.

O mar de lama desceu
Causando assustador som,
Deixando sujo e ruim
O que estava limpo e bom,
Transformando terra fértil
Em chão viscoso e marrom.

Moreira de Acopiara

O mar de lama encardida
Interditou meus caminhos,
Assassinou os meus peixes,
Calou os meus passarinhos,
Deixou pesado o meu ar
E espantou os meus vizinhos.

Mas não foi somente a lama,
Com certeza foi o homem
Correndo atrás de mais lucro...
Mas as riquezas se somem.
Não é dinheiro nem ferro
Que os seres humanos comem.

E agora? Me diga, o que
Vou dizer para os meus netos
Amanhã, quando algum deles,
No meio desses dejetos,
Perguntar: "Vô, esses homens
De ontem eram completos?"

E agora, Minas Gerais,
Como é que me justifico
Na frente de quem só quer
Devastar e ficar rico?
E o que fazer quando a lama
Destruir o Velho Chico?

E agora? O que faço quando
Tudo se mostrar ruim,
Já que a beleza e a graça
De Minas estão no fim?
Quem vai me devolver tudo
Que já tiraram de mim?

Por fim, pergunto: "Quem vai
Amenizar esse drama?
Quem é que vai consertar
A terra que a gente ama?
E como sobreviver
Diante de um vale de lama?"

Poema de amigo

Eu não posso mostrar-lhe as soluções
Dos problemas que surgem em sua vida,
Mas vou sempre escutar seus argumentos
E pedir que ande de cabeça erguida,
Preservando a humildade, a gentileza,
Inventando um caminho, uma saída.

Eu não posso mudar o seu passado
Nem prever as surpresas do futuro,
Mas eu posso lutar no seu presente
Para que seu andar seja seguro,
O seu fardo não seja tão pesado,
E o percurso tranquilo, ou menos duro.

Eu não posso julgar as decisões
Que você precisar tomar com pressa,
Mas eu posso tentar servir de estímulo,
Porque sei que na vida se tropeça.
Posso ainda dizer "Tente outra vez!"
E ser justo, sem que você me peça.

Eu não posso lhe impor nenhum limite,
Muito menos deter a sua ação;
Eu não posso evitar seu sofrimento
Quando alguém lhe partir o coração,
Mas eu posso tentar juntar os cacos
E apontar-lhe uma nova direção.

Moreira de Acopiara

Eu não posso dizer quem você é,
Muito menos quem deveria ser;
Posso dar meu amor e meus cuidados,
Ser parceiro, ser firme, agradecer...
Ser leal, paciente, tolerante,
E torcer pra ver você crescer.

Eu não posso querer ser o primeiro,
O segundo ou terceiro em sua lista.
Mas eu posso dizer "Sou seu amigo!"
E vibrar ao lembrar essa conquista,
Defender seus direitos e tentar
Não perder (nunca mais) você de vista.

Seus triunfos, seus êxitos... Não são meus,
Mas, se sei que você está feliz,
Eu me alegro também! Rejuvenesço
Revivendo esse bem que sempre quis.
Não sei muito. Sei pouco. Quase nada!
Mas, me ensine também! Sou aprendiz.

As três questões do professor

Uma vez no meu país,
Num lugar lindo e distante,
Viveu um homem feliz,
Um professor importante,
Muito bem relacionado,
Que andava muito intrigado,
Cheio de inquietações
E um peso grande nas costas,
Pois procurava respostas
Para três grandes questões.

Moreira de Acopiara

Estão ele promoveu
Pesquisa espetacular.
Muita gente respondeu!
Muitos queriam ganhar
Recompensa valiosa,
Depois de criteriosa
E firme ponderação.
Quem quisesse surpreender
Tinha só que responder
Muito bem cada questão.

Eis as três: "Qual o lugar
Mais importante do mundo?
Qual trabalho singular,
Mais criativo e fecundo?
E o homem mais importante
Da terra?" Naquele instante
O professor quis saber.
E disse: "Estarei contente
E darei paga decente
A quem melhor responder".

Sábios e ignorantes,
Gente de muitas andanças,
Velhos, jovens e estudantes,
Sempre cheios de esperanças,
Logo se manifestaram,
Se iludiram, desejaram
Boa recompensa e glória.
Só que dessa vez não deu,
Por que ninguém respondeu
De forma satisfatória.

Havia ali perto alguém
Que não quis se apresentar.
E esse poderia bem
Responder e agradar.
Era um velho curioso,
Sabido, criterioso
E de atitudes serenas.
Querido nas redondezas,
Não almejava riquezas
Nem honrarias terrenas.

Moreira de Acopiara

E o homem, sábio dos sábios,
Recebeu chamado urgente.
Veio com um riso nos lábios
E otimismo surpreendente.
Ele tinha condições
De esclarecer as questões
Que afligiam o professor.
E, quando foi questionado,
Comentou, determinado:
"Claro que sou sabedor!"

E disse no mesmo instante:
"Verdade maior não há.
O lugar mais importante
É onde você está.
Exatamente onde mora,
Cresce, sonha, colabora,
Pode ser útil, amar
E apreciar a beleza.
Digo com toda a certeza
Que é esse o melhor lugar".

Sem demonstrar ponto falho,
Num tom sereno e vibrante
Ele prosseguiu: "Trabalho
Fecundo e interessante
É o que é feito todo dia.
Portanto, sinta alegria
No trabalho que executa.
Faça bem, seja prudente,
Porque a vida da gente
É sempre constante luta.

Se seu trabalho permite
Sustentar sua família,
Supere cada limite,
Resolva cada quizília,
Trabalhe no feriado...
Realize com cuidado,
Mostre que é alto o seu nível.
Pode derramar suor!
Procure ser o melhor
Nesse trabalho possível.

Moreira de Acopiara

Você possui, com certeza,
Relevantes qualidades
E conhece a natureza
Das potencialidades.
Exercite a paciência,
A tolerância, a prudência,
A compreensão e a alegria,
Pois tudo isso faz bem.
Vá fundo, porque ninguém
Faz o que você faria".

Mais disse o sábio brilhante,
Com calma e serenidade:
"O homem mais importante
Do mundo é, na verdade,
Quem precisa de você.
E vou lhe dizer por quê!
É que ele possibilita
O exercício da humildade
E a prática da caridade,
A virtude mais bonita.

A caridade é uma escada
De luz que leva às alturas,
E deve ser praticada
Por todas as criaturas.
Todo auxílio fraternal
É momento especial,
Capaz de nos transformar.
Sob o meu ponto de vista
É a mais alta conquista
Que a gente pode almejar".

Diante das explicações,
O bondoso professor
Fez breves ponderações
E disse: "Eis o vencedor!
Minha busca aqui se encerra,
E minha missão na terra
Prossegue fortalecida".
E concluiu: "Me encontrei.
De agora em diante, já sei
Qual o sentido da vida".

Ser poeta popular

Ser poeta popular
É percorrer longa estrada.
É fazer do tempo escada
E dela não se esquivar.
É conseguir melhorar
A vida de um companheiro,
É construir um roteiro
Sem prejudicar ninguém,
É ver a face do bem
Na solidão de um terreiro.

É viajar todo dia
Nas asas da liberdade,
É ter criatividade
Para falar de alegria.
É buscar sabedoria,
É defender os direitos,
É ver como são perfeitos
Os muitos grãos de uma espiga,
É ter sempre mão amiga
Sem enaltecer os feitos.

É trabalhar na memória,
Real e imaginário;
É ser sempre um voluntário
Na construção de uma história.
É correr atrás de glória
Sem esquecer as paixões;
É botar nos corações
Uns sentimentos risonhos,
É viver plantando sonhos
Para colher emoções.

Moreira de Acopiara

É ver na sua carreira
Um jeito bom de servir,
É conseguir divertir
A família brasileira.
É lutar a vida inteira
Sem reclamar do destino.
É ser como um tangerino
Defendendo um evangelho,
É conseguir ficar velho
Com coração de menino.

Ser poeta popular
É não ter muito requinte,
É emocionar o ouvinte
Na hora de se expressar.
É ter cautela e amar
Como pouca gente amou,
Pisar por onde pisou
Inácio da Catingueira,
É colher flor na roseira
Que a mão do tempo plantou.

É botar os pés no chão,
Mesmo com pedras e espinhos,
Depois trilhar os caminhos
Que longe nos levarão.
É ter na palma da mão
Os raios da lua cheia,
Fazer castelos de areia
Como sendo coisa séria,
Ter um verso em cada artéria
E um poema em cada veia.

Não é querer ser herói,
Mas fazer tudo o que agrada,
Depois valorizar cada
Atitude que constrói.
É saber onde é que dói
E amenizar a ferida,
Ter a melhor acolhida,
Saber que orgulho não presta,
Fazer da luta uma festa
Para amenizar a vida.

Moreira de Acopiara

Ser poeta popular

É ser bem mais que erudito.

É tentar fazer bonito,

Mas não se precipitar.

É deixar rolar, cantar

Do modo mais natural

O sertão, o litoral

E o rio que serpenteia.

É falar de sua aldeia

Para ser universal.

George e a cerejeira

O senhor Washington era
Respeitado fazendeiro,
Dos que a gente considera
Um vencedor, um guerreiro.
Achava-se homem de sorte
Por ser da América do Norte,
Da Virgínia, belo Estado.
Tendo bom gado e mobília
E uma bonita família,
Vivia realizado.

Moreira de Acopiara

Tinha paixão pelas plantas
Frutíferas e ornamentais
E, embora já tendo tantas,
Desejava ainda mais
Para o seu lindo pomar,
Pois amava descansar
Sob grandes macieiras,
Imponentes limoeiros,
Frondosos abacateiros
E exuberantes pereiras.

Ele, por acaso, um dia
Ganhou uma cerejeira,
Muda de grande valia,
Especial, verdadeira.
De uma espécie muito rara,
De coloração mais clara,
De formato admirável,
Resistente a sóis e ventos,
Grandes frutos sumarentos
De sabor inigualável.

Ele mandou que a plantassem
Em um local protegido,
Que sobre ela botassem
Um especial sentido.
Depois disse aos empregados
E aos parentes, dos cuidados
Que deveriam tomar
A partir daquele dia,
Que aquela planta seria
A mais cara do pomar.

Foram longas as esperas,
E muita dedicação.
Mas, após três primaveras,
A grande satisfação.
Veio a primeira florada,
Ainda um pouco acanhada…
Afinal, era a primeira!
Washington estremeceu
Ao ver a planta com o seu
Destino de cerejeira.

Moreira de Acopiara

George (o filho, a alegria),
Criança das mais espertas,
Naturalmente fazia
Importantes descobertas,
Ainda que muito lentas.
Com cortantes ferramentas
Gostava de se exibir.
E aprendeu a cortar galhos
E outros pequenos trabalhos,
Como plantar e carpir.

Num domingo ensolarado,
George foi ao pomar,
Onde encontrou um machado,
E começou a cortar.
Um galho seco primeiro,
Mais tarde um abacateiro
Que o tempo tinha matado...
Depois, sem querer, cortou
A cerejeira. Deixou
O seu pai contrariado.

Quando o velho Washington viu
A cerejeira partida,
Indagou: "Quem destruiu
Minha planta preferida?"
Perguntou a um empregado,
A outro, ao encarregado
Do jardim e do pomar,
Fez um esforço profundo,
Investigou todo mundo,
Mas ninguém soube explicar.

Por fim ele questionou
George, de uma cadeira:
"Filho, sabe quem cortou
Minha linda cerejeira?"
George respondeu: "Pai,
Eu creio que o senhor vai
Se zangar comigo. Errei,
Fui muito imprudente quando
Cortei sua planta usando
Um machado que encontrei".

Moreira de Acopiara

Diante da situação,
Washington mudou de cor.
O gesto de indignação
E o olhar reprovador
Deixaram o pobre menino
Apavorado, mofino...
Mas não sabia mentir.
E disse, contrariado:
"Eu estou envergonhado,
Preciso me redimir".

Baixou os olhos à espera
De severa punição,
Mas a resposta sincera
Abrandou o coração
De Washington, pai bondoso,
Que disse: "Estou orgulhoso,
Filho, que felicidade!
Você fez grande besteira,
Cortou minha cerejeira,
Mas opta pela verdade.

Sua honra vale mais
Do que todo o meu pomar,
E sua postura faz
Com que eu possa me orgulhar".
Depressa o tempo passou,
E George se tornou
Presidente dos Estados
Unidos e andou direito.
Seu pai ficou satisfeito
Diante dos bons resultados.

Pois, enquanto presidente
De um dos mais fortes países
Do planeta, tinha em mente
Ver as pessoas felizes.
E ele procurou primeiro
Ser simples, ser verdadeiro,
Honrado, justo e sereno.
Para tomar decisões,
Nunca esqueceu as lições
Que aprendeu quando pequeno.

Não posso esquecer

O quê? Esquecer você?
Oh, quanta infantilidade!
Você é parte de mim!
É mais que cara-metade.
Eu a sinto até na alma;
Se estou longe, perco a calma,
É sem limite a saudade.

Se estou perto, a minha boca
Grita de tanto desejo
Procurando pela sua
Para, nesse mesmo ensejo,
Se encontrar e se perder,
Tentando se proteger
Na maciez do seu beijo.

Não posso esquecê-la. Outro
Corpo não me satisfaz.
Seus olhos são meu conforto,
Hipnose ou algo mais
Que me deixa extasiado,
Como se acariciado
Por duas mãos divinais.

Pra onde eu olho parece
Que estou vendo a sua imagem,
E essa presença me dá
Conforto, alento e coragem,
Deixa mais suave o clima,
Melhora minha autoestima,
Colore a minha viagem.

Moreira de Acopiara

Deve ser por isso que
A minha necessidade
De você é incansável,
Não depende de vontade
E nem de ocasião.
Nasce no meu coração,
Vem com naturalidade.

É que você me renova,
Ensina e serve de guia,
Otimiza cada instante,
Sendo fonte de energia.
Cala na hora da queixa,
Fala, se é preciso, e deixa
Muito melhor o meu dia.

Pode costurar a boca,
Os olhos, pode cortar
A língua, as mãos, as orelhas,
Nada vai adiantar.
Faça todo rebuliço,
O que quiser, nada disso
Vai me impedir de pensar.

Então vamos lá: você
Acha que eu vou conseguir?
Vou não. E mais: acha mesmo
Que ele consegue sentir
Na pele esses arrepios
Que eu sinto, esses calafrios?
E acha que eu posso engolir?

Será que ele gela as mãos
Só de escutar sua fala,
A sua voz inquietante
Entre a cozinha e a sala?
E, na solidão dos dias,
Ou nas madrugadas frias,
Ele a aquece e embala?

Será que ele satisfaz
Todas as suas vontades?
Será que ele abranda todas
As suas grandes saudades,
Iras, desejos e anseios?
E alivia os aperreios?
As mentiras… E as verdades?

Moreira de Acopiara

Olhe que estamos ligados
Na mais alta das voltagens.
Nos surpreendemos na mais
Empolgante das viagens.
Nosso mundo foi de paz,
E nos amamos na mais
Profunda das abordagens.

Então? Continua achando
Que eu vou poder esquecer?
Talvez possa me afastar,
Na certeza de sofrer.
Mas jamais a esqueceria.
Ou pode ser algum dia
(Quem sabe?) quando eu morrer.

A Criação

Avistei de repente um cidadão
Que pediu, de maneira inteligente:
"Por favor, fale sobre a Criação!
Você é instruído e competente".
Eu então disse: Deus criou o dia,
Fez o céu e a terra, mas havia
Muito vácuo, e pensou: "É pouco, assim".
Deus ali desejava ir além,
Fazer muito bonito, fazer bem,
Mas o dia primeiro teve fim.

Moreira de Acopiara

Só que o Diabo, arrogante, achou ruim,
Rebelou-se e gritou: "Deus, não se afoite!
Não aceito vantagens sobre mim!"
E, rebelde que era, fez a noite.
Dentro dela botou escuridão,
Mau presságio, terror, assombração
E outras coisas banais que imaginou.
Ele ainda botou tortos caminhos,
Tocos, pedras, buracos e espinhos,
E o primeiro conflito começou.

Deus, ao ver tudo aquilo, se exaltou.
Depois disse: "Que haja uma expansão!"
Refletiu, calculou, recalculou,
Decidido a fazer separação.
Por ser mestre do tipo que não erra,
Separou com cautela água e terra,
Fez os mares e os céus com maestria,
Fez o sol (que até hoje ainda arde)...
Então houve uma estonteante tarde,
Revelando o final de mais um dia.

Mas o Diabo, maldoso, só queria
Bagunçar e mostrar fracas ações.
E criou poderosa ventania,
Maremotos, vulcões e furacões.
Inventou tempestades e geadas,
Terremotos e secas prolongadas,
Declarando em seguida: "Deus, assunte!
Se o Senhor faz o bem, eu faço o mal,
E isso é para mim fundamental,
Porque aqui quero mais de um transeunte".

Disse Deus: "Pois eu quero que se junte
Sob o céu toda a água num lugar.
Quanto à terra, você não me pergunte,
Ela há de também se preparar
Pra poder receber diversas plantas,
Grandes, médias, pequenas... Serão tantas
E tão lindas, cheirosas, diferentes...
Elas produzirão frutos saudáveis,
Muitas sombras bonitas e agradáveis
E abundância de flores e sementes".

Moreira de Acopiara

Nisso o Diabo mostrou seus fortes dentes,
Num sorriso maldoso e verdadeiro;
Demonstrou ser dos mais eficientes
Construindo o ruim por derradeiro.
Então logo inventou poluição,
Preconceito, rancor, devastação,
Pernilongo, ferrão, cobra, cupim,
Carrapato, fedor, má companhia,
E outras coisas ruins, pois não queria
Ver a terra virada num jardim.

O terceiro dos dias teve fim,
E reinou um ar de tranquilidade.
Mas Deus viu que sem luz era ruim
E cuidou de mais luminosidade.
Com talento, essa coisa muito sua,
Fez as muitas estrelas, fez a lua
E outros corpos, com graça e harmonia.
Lindas luzes e trevas aportaram,
Ventos bons logo se manifestaram,
Indicando o final do quarto dia.

Só que o Diabo, com sua antipatia,
Não queria que o mundo fosse bom.
Então logo inventou desarmonia,
Porque tinha talento, jeito e dom.
Inventou falsidade, ofensa, ira,
Ódio, raiva, vingança… E a mentira
Que reduz do roceiro ao governante.
Ele ainda criou a injustiça,
A miséria, a propina e a preguiça,
Pois pra ele isso era interessante.

Mas Deus disse naquele mesmo instante,
Vendo o céu perfumado e transparente,
E avistando água boa e abundante:
"Vou agora criar mais de um vivente!"
Criou aves, que ainda cortam os ares,
Muitos peixes que ainda estão nos mares,
E um por um muito alegre contemplou.
Depois disso falou: "Se multipliquem,
Encham logo essa terra, se dediquem!"
Logo o quinto dos dias terminou.

Moreira de Acopiara

Outra vez o Rabudo se exaltou,
Não gostou de ver aves a voar.
Traçou plano adverso e disse: "Eu vou
Novamente agir mal e atrapalhar".
E criou alguns peixes espinhosos,
Animais peçonhentos, perigosos,
Como aranha, lacrau, moreia e cobra.
Pra fazer algo tão pernicioso,
Sem futuro, sem graça e perigoso,
Esse Diabo fez mais de uma manobra.

Porém, tendo o bom Deus calma de sobra,
Demonstrando estar muito bem disposto,
Fez a sua mais rica e melhor obra,
Revelou possuir muito bom gosto.
E à sua imagem e semelhança
Fez o Homem e lhe deu força, esperança,
Jeito, graça, coragem, inteligência...
E ordenou: "Você deve dominar
Sob o céu, sobre a terra e sobre o mar
Com cuidado, respeito e paciência".

Mas o Diabo, com sua competência
Pra fazer o ruim, soltou-se mais,
Trabalhou, usou toda a irreverência,
Pois queria aplicar golpes fatais.
Decidido a meter sua colher,
Foi, voltou, revirou, fez a Mulher,
Se exibiu como quis, extrapolou,
Pra depois lhe mostrar um tal de Adão,
Que se empolgou demais, rolou paixão,
E outra fase no mundo começou.

Deus olhou a Mulher e se alegrou,
Se sentindo ali bem representado.
Pensou alto, vibrou, comemorou
E ordenou: "Eu a quero do meu lado!
Quero ver toda a terra povoada,
Enfeitada, repleta e bem cuidada,
Mas o Homem feliz e bem servido".
Viu as aves do céu, olhou o mar
E foi forte pra não se emocionar
Diante do bom trabalho concluído.

Moreira de Acopiara

Mas o Diabo ficou enfurecido
Porque Deus gostou muito da mulher.
E pensou: "Meu trabalho foi perdido,
Pois não sou de fazer o que Deus quer".
Deus, que achou tudo muito interessante,
Melhorou a Mulher, foi um gigante,
Porque já lhe mostrou amor, respeito,
Confiança, trabalho e fortaleza,
Deu-lhe graça, vigor, calma e beleza
E ensinou-a a se impor e impor respeito.

Ao olhar com orgulho aquele feito,
Deus notou tudo certo, bom e lindo,
Porque, pra fazer tudo tão direito,
Só pra Ele, que tem poder infindo.
Conferiu a estrutura, confirmou,
Estendeu a mão forte, abençoou
E exibiu seu semblante de alegria,
Pois um mestre jamais faz algo falho.
Em seis dias fez todo o seu trabalho,
Mas deixou pra descanso o sétimo dia.

Nesse ponto o Diabo só queria
Se esconder, se enterrar, se escafeder.
E eu só fiz esta simples poesia
Porque Deus me deu luz, jeito e poder.
Hoje as coisas estão bem diferentes,
Com belezas demais nos continentes,
Mas também com defeitos ao redor.
Desde o tempo de Abel e de Caim,
Temos um muito bom, outro ruim…
Cabe a nós procurar fazer melhor.

Não tenho muito tempo

Não faz muito eu conheci
Um cidadão arrogante
E com ele empreendi
Uma conversa importante.
Tudo começou porque
Ele perguntou: "Você
Sabe com quem está falando?"
Eu lhe recitei um verso
E me lembrei do universo,
Que vive nos intrigando.

Comparei a física quântica
Com a relatividade,
A natureza semântica,
Mais a falta de humildade...
E disse: "Bom cidadão,
Tudo que se criou não
Se diz em prosa nem verso.
O universo é tão complexo
Que quem estuda o seu nexo
Já fala de multiverso.

Nós residimos em um
Dos universos possíveis,
Que tem formato incomum,
Com curvaturas incríveis,
Que possui quinze bilhões
De anos e dimensões
Para nós incalculáveis.
E ele se encolhe e se expande
Numa sintonia grande
E forças inigualáveis.

Moreira de Acopiara

E ainda está se expandindo
Para encolher novamente.
E estará sempre indo e vindo,
Devagar e eternamente.
É como os nossos pulmões!
Só que são doze bilhões
De anos tal movimento.
Como se pode notar,
Esse seu ir e voltar
Para nós é muito lento.

O movimento da vida
É desse mesmo jeitinho,
Mas da chegada à partida
É muito curto caminho.
A sua respiração,
Como bate o coração
E o movimento do sexo
Sobem e descem, lá e cá,
Voltam e vão, e não há
Movimento desconexo.

O mar tão agigantado
É outro que vai e volta.
Se acalma, fica agitado,
Levanta e cai, prende e solta.
São movimentos que a gente
Percebe constantemente,
E fazem lembrar a vida.
Assim são os universos,
Que eu não posso, em poucos versos,
Justificar a medida.

Faz quinze bilhões de anos
Que aconteceu a explosão.
Eu não sei quais foram os danos,
Mas houve a liberação
De energia formidável.
De modo inacreditável
A matéria se agregou,
As estrelas se formaram...
Elas depois se juntaram,
E esta fase começou.

Moreira de Acopiara

E as galáxias se formaram!
Talvez duzentos bilhões.
Elas depois se espalharam
Por distantes regiões.
Uma galáxia é a nossa!
Calcular não há quem possa,
Mas ela não é tão grande.
Tem uns cem bilhões de estrelas.
Mas nem todas posso vê-las,
Por mais atento que eu ande.

Portanto, estamos em uma
Galáxia de proporções
Não tão grandes, que se apruma
Entre duzentos bilhões
De outras galáxias maiores.
Não sei se muito melhores,
Pois não posso compreender,
Mesmo não sendo disperso.
Sei que é mais um universo,
Que vai desaparecer.

Na nossa galáxia há
Também uma estrela anã.
Chama-se Sol, e ela está
Entre nós, toda manhã.
Em volta dessa estrelinha
Existe mais de uma linha!
Umas nove (imaginárias).
Elas também me encabulam.
É por ali que circulam
Umas massas planetárias.

Uma delas é a Terra,
Que luz própria não possui.
Na sua rota não erra,
Não cresce e não diminui.
E ela é um planetinha
Que circunda uma estrelinha
Que está entre os cem bilhões
Que nós não podemos ver,
E vai desaparecer,
Para grandes frustrações.

Moreira de Acopiara

Há, ainda, alguns bilhões
De galáxias no universo,
E outras profundas questões
De conteúdo diverso.
Analise outra questão:
Será que temos razão
De achar que somos o centro
Desse universo e por isso
Deus prestou grande serviço
Nos colocando aqui dentro?

Tem gente que acha que Deus
Fez tudo isso somente
Para os benefícios seus,
De seu mundo e sua gente.
Tem indivíduo que tacha
Deus de tolo e ainda acha
Ser o centro da questão,
Com o dinheiro que lhe vem,
A cor da pele que tem,
E sua religião.

Se a gente pensar além,
E com a atenção devida,
Vai ver que aqui ainda tem
Algo que chamamos vida.
Outra coisa que encabula
É que a ciência calcula
Ao menos trinta milhões
(Talvez haja um pouco mais)
De espécies essenciais
Em todas as situações.

Dessas espécies nós somos
Uma delas, simplesmente,
De modo que aqui compomos
Um universo inteligente
Que mora num planetinha
Que circunda uma estrelinha,
Uma entre cem bilhões
Em uma galáxia grande
Que lentamente se expande
Para priscas regiões.

Moreira de Acopiara

E as galáxias? São duzentos
Bilhões delas no universo.
Os meus encaminhamentos,
Nestes versos que alicerço,
Por aqui revelarão
Que outras explosões irão
Algum dia acontecer.
E é nesse levanta e cai
Que o nosso universo vai
Também desaparecer.

E nós? Você sabe que
Já somos sete bilhões
De indivíduos, e você,
Com suas limitações,
É simplesmente mais um
Dessa espécie tão comum,
Das trinta milhões contadas
Que vivem num planetinha
Ao redor de uma estrelinha
Entre bilhões encontradas?"

Por que escrevi tudo isso?
Apenas para lembrar
Que, com ou sem rebuliço,
Tudo inda vai se acabar.
Se vejo alguém perguntando:
"Sabe com quem está falando?"
Penso, finjo que sou mouco,
Mas não abaixo a cabeça,
Para que não me aborreça,
Pois meu tempo é muito pouco.

Daqui pra frente

Quero ser daqui por diante
Um homem "cabeça feita",
Respeitar meu semelhante,
Da esquerda e da direita.
Quero caminhar tranquilo,
Sem fugir do meu estilo,
Certo de que também falho.
Quero ver a juventude
Com liberdade, saúde,
Escola, arte e trabalho.

Quero caminhar sentindo
Cheiro de mato molhado
E a natureza sorrindo
Do meu bonito passado,
A lua depois da janta,
No meu quintal uma planta
De simples beleza rara;
A experiência dos sábios
E um riso largo nos lábios
Em vez de fechada cara.

Como pacato guerreiro,
Olharei contras e prós
E cantarei o roceiro,
Que pouco levanta a voz,
Mas deve ser respeitado,
Porque vem do seu roçado
Tudo que nos alimenta.
Se alegra com o que produz,
Não fala em pesada cruz,
Por isso nos representa.

Moreira de Acopiara

Quero falar de alegria,
Por aqui e em todo canto,
Principalmente hoje em dia,
Quando o mal prospera tanto.
A natureza saúda
Quem oferece uma ajuda,
Sem cobrar pelo favor.
Pode me chamar de otário,
Mas serei um voluntário
No mutirão do amor.

Vou me esforçar para ser
Mensageiro da verdade,
Não ter pressa e promover
A paz e a serenidade,
Não me lembrar de rancor,
Ver a beleza da flor
E regá-la, se puder.
Não quero sofrer à toa,
Porque nem sempre a pessoa
Consegue tudo o que quer.

Olhando quem compra e vende,
A vida é uma rotina.
Feliz daquele que aprende,
Pensa com calma e ensina.
Como é grande a correria
Pelo pão de cada dia
Neste eterno vai e vem!...
Isso eu também aprendi.
Cada um faça por si,
Pois ninguém é de ninguém.

Eu quero ver todo dia
O amor falando mais alto,
Esperança e harmonia
Em vez da palavra assalto.
Procurar fazer bem feito,
Levantar com o pé direito,
Caminhar de fronte erguida,
E entre corretas ações
Dizer a plenos pulmões:
Bom mesmo é viver a vida.

Moreira de Acopiara

Posição autoritária
A qualquer um desmorona.
Só tem essa ação contrária
Onde o bem não funciona.
Em qualquer localidade,
Respeite a diversidade.
Não quero me complicar
Nem caminhar indeciso.
Em todo canto é preciso
Conjugar o ver amar.

Sei que os direitos humanos
Estão a cada segundo
Com os seus benéficos planos
Olhando os filhos do mundo.
Infelizmente se vê
Alguma pessoa que
Não corrige o seu defeito.
Por qualquer coisa banal,
Aduba a planta do mal
Que produz o preconceito.

Noto que a mãe natureza
Deseja fôlego de vida.
É por isso que a represa
Não pode ser poluída.
Sinto o cheiro do baixio,
Onde a enchente do rio
Desce virando a folhagem.
Preservo a fauna e a flora,
O lugarzinho onde mora
Toda família selvagem.

Eu quero ver todo aluno
Respeitando o professor,
Nesse momento oportuno,
De paz, de luta e de amor.
Todo mundo aqui precisa
Arregaçar a camisa
E se melar de suor,
Buscar se fortalecer,
Ser bom, ser forte e fazer
O mundo muito melhor.

Moreira de Acopiara

Seja uma pessoa mansa,
Procure fazer o bem.
Repare que o tempo avança
E o que se vai não mais vem.
E já que aqui tudo passa
Aproveite o tempo e faça
Sem zombar de quem não faz.
Quem pode é quem se sacode,
E a violência não pode
Mandar no campo da paz.

O menino e o passarinho

Era uma vez um menino
Querido na sua escola,
Onde ele muito gostava
De estudar e jogar bola.
Perto dali avistou
Um homem e uma gaiola.

Moreira de Acopiara

Ele então se aproximou,
Atento e devagarzinho
E percebeu que a gaiola
Hospedava um passarinho.
Depois olhou com cuidado,
Mas não viu sinal de ninho.

O menino disse mais,
Em tom de camaradagem:
"Eu gosto dos passarinhos,
Mas não teria coragem
De prendê-los. Eles soltos
Acho que têm mais vantagem".

E o tal homem da gaiola
Falou com tranquilidade:
"Acho que deixá-lo preso
Talvez não seja maldade.
Ele aqui está seguro,
Mais que estando em liberdade.

Aqui ele pode até
Fazer mais de uma manobra
E não será atacado
Por gavião nem por cobra.
Nesta gaiola o bichinho
Tem segurança de sobra".

O tempo correu. Um dia
Triste coisa aconteceu.
É que repentinamente
O passarinho morreu.
Assim que ficou sabendo,
O menino entristeceu.

Em seguida perguntou:
"Mamãe, qual foi a razão
Da morte do passarinho?
Ele sofreu agressão?"
A mãe respondeu: "Meu filho,
Acho que foi solidão".

Moreira de Acopiara

A mãe disse ainda: "Filho,
Tenho mais uma certeza.
Ele estava prisioneiro,
Distante da natureza
E dos seus pares, por isso
Caiu em grande tristeza".

Prosseguiu a mãe: "Repare,
Meu filho, quanta maldade.
Quem vive preso não pode
Encontrar felicidade.
Essa ave pode também
Ter morrido de saudade".

Disse o menino, naquele
Desconcertante momento:
"Mamãe, na gaiola tinha
Abundância de alimento
E de água boa. Ali tudo
Parecia cem por cento.

Na gaiola o passarinho
Não precisava voar
À procura de comida
E podia descansar,
Beber a qualquer momento
E olhar o tempo passar".

Respondeu a mãe: "Meu filho,
A coisa não é assim.
A vida sem liberdade
É, com certeza, ruim.
Prisioneiro, qualquer um
Tem apressado o seu fim.

Se ele dentro da gaiola
Tinha água boa e comida,
E se ninguém exigia
Nenhuma contrapartida,
Não era tudo, meu filho,
Pois não é só isso a vida.

Moreira de Acopiara

No seu hábitat a ave
Livre deveria estar,
À beira de algum açude,
Rio, jardim ou pomar,
Para se reproduzir,
Voar alegre e cantar".

Prosseguiu a mãe: "Meu filho,
Quero que preste atenção.
Não queira jamais estar
No fundo de uma prisão,
Para não sentir tristeza,
Saudade nem solidão.

Estou certa de que, para
Qualquer criatura presa
Na solidão de uma cela,
Chegam fadiga e moleza,
A vida fica sem graça,
É sem medida a tristeza".

Concluiu a mãe: "A gente
Deve amar a liberdade,
A tolerância, a partilha
E a biodiversidade,
Pra fugir da solidão,
Da tristeza e da saudade".

A chuva

Era um menino bonito,
Que no Nordeste vivia.
Às margens de um rio calmo,
Andava e se divertia,
E ficava muito alegre
Toda vez que ali chovia.

E, quando era chuva boa,
Ele muito se alegrava.
O rio ficava cheio,
E muita gente pulava
Naquelas águas tranquilas,
Tomava banho e nadava.

Mas, quando a chuva não vinha,
O rio ficava feio,
Muito sem vida, criava
Poeira e rachões no meio,
E o menino perguntava:
"Por que a chuva não veio?"

É que no Nordeste a chuva
Não vem com muita frequência.
Então o mato esturrica,
E, para a sobrevivência,
É necessário que todos
Tenham muita paciência.

Moreira de Acopiara

É que, quando a seca vem,
Fica a coisa muito séria.
Com ela vêm a pobreza,
O medo, a dor e a miséria,
A carência de alimentos
E o declínio da matéria.

Mas, quando chove de novo,
Os homens ficam tranquilos,
As borboletas passeiam,
Os teiús tiram cochilos,
E os matos se reverdecem
Para receber os grilos.

Esvoaça a juriti,
Canta alegre a seriema,
Na serra vê-se arco-íris,
O peixe faz piracema,
E o nordestino se alegra
Vendo o final do problema.

Diante daquilo, o menino
Sorriu e disse: "Eu agora
Gostaria de pedir
Que a chuva não fosse embora,
Porque com chuva o sertão
Obtém grande melhora".

Mais uma vez o menino
Se alegrou ao perceber
O tempo fechado e muito
Bonito para chover.
Correu e chamou o pai,
A mãe e os irmãos pra ver.

E eles viram chuva boa
Sobre campos e galpões,
Alamedas, carros, ônibus,
Avenidas, caminhões,
Barracos, mansões, chiqueiros,
Boiadas e plantações.

Moreira de Acopiara

E ela chegou graciosa,
Deixou as matas mais belas,
As folhas mais verdejantes,
As flores mais amarelas,
Os ares mais refrescantes
E as montanhas mais singelas.

Deixou muito coloridas
As paisagens antes nuas,
Molhou as pontes, os barcos,
As enseadas e as gruas,
As ovelhas e os macacos,
E aguou rios e ruas.

E ela banhou as varandas,
Os hotéis e os hospitais,
Os guarda-chuvas, as fábricas,
Os teatros e os currais,
Os templos, as sinagogas,
Os cinemas e os quintais.

Ela molhou os bonés,
Os cabelos e as carecas,
As lixeiras, as cabanas,
Os piões e as petecas,
As vazantes, os carteiros,
Os chapéus e as bonecas.

E o menino perguntou,
Fazendo cara de espanto:
"Mamãe, por que é que não chove
Por igual em todo canto,
Sempre na medida certa,
Nem muito pouco nem tanto?

Por que é que não chove sempre
Aqui no interior,
Já que chuva traz fortuna
E diminui o calor?
Por que é que no mundo inteiro
Não chove chuva de amor?"

Moreira de Acopiara

Perguntou mais o menino,
Botando as mãos para trás:
"Mãe, por que é que a natureza
Às vezes faz e desfaz?
Por que é que na terra inteira
Não chove chuva de paz?"

Disse a mãe: "Pois é, meu filho,
A chuva sempre é querida.
Ela traz fertilidade
E abundância, gera vida,
Chega quando bem deseja,
Chove na justa medida".

Mais indagou o menino,
Inquieto e perguntador:
"E por que é que chove tanto
Nesse ou naquele setor,
Provocando alagamento,
Medo, desconforto e dor?"

A mãe respondeu: "Meu filho,
No mundo sempre choveu,
O mar sempre se agitou,
O rio sempre correu,
Sempre teve o seu espaço,
E o homem não compreendeu.

Constrói a casa no leito
Do rio, para o lazer,
E depois fica torcendo
Muito para não chover
Ou para que chova pouco,
Para o rio não encher".

Superamos

Eu estava muito só.

Por qual motivo? Não sei.

Pensei nas dificuldades

Da vida, me concentrei,

Vi você se aproximando,

Vibrei muito e me alegrei.

Quando avistei você perto,
Meu olho vivo brilhou,
Meu coração bateu forte,
Meu caminho clareou...
Depois pensei: "Não fui eu!
Foi você que me encontrou"

Então pensamos: "Na vida
Existem muitos conjuntos".
Paramos, falamos muito
Sobre diversos assuntos,
E muito nos empolgamos
Querendo caminhar juntos.

Na estrada, primeiramente
Buscamos nos conhecer,
Aproveitar os momentos,
Ficar mais perto, viver,
Aceitar as diferenças,
Olhar mais longe, crescer.

Moreira de Acopiara

Logo no começo, alguns

Percalços aconteceram:

Coisas se modificaram,

Problemas apareceram,

Inseguranças surgiram,

Esperanças renasceram.

Na alegria e na tristeza

Nós nunca desanimamos.

Sempre juntos, sempre perto,

Sempre alegres caminhamos.

Não foram poucas as coisas

Que (otimistas) enfrentamos.

Pessoas também chegaram

Para nos atrapalhar,

Desviar a nossa rota,

Nos ferir, nos desgastar,

Mas, de conversa em conversa,

Soubemos nos desviar.

Algumas vezes a gente
Pode até ficar sem graça,
O coração fica aflito,
E tudo se despedaça.
Mas você me faz saber
Que na vida tudo passa.

Às vezes nos desgastamos
E até nos aborrecemos,
Ficamos de cara feia,
Distantes... mas, como temos
Compromisso e pés no chão,
Nunca, nunca nos perdemos.

Às vezes nos enfadamos,
Mas não nos falta coragem
Para transpor as barreiras
E carregar a bagagem
Por essas tão lindas trilhas,
Nessa tão linda viagem.

Moreira de Acopiara

Se aparece algum enfado,
Não nos faltam confiança,
Determinação, arrojo,
Valor e perseverança.
Tudo aliado ao afeto,
Ao zelo e a esperança.

Então seguimos adiante,
Porque temos paciência,
Gosto pelo que fazemos,
Autoestima e resistência,
Conformação, equilíbrio,
Respeito e independência.

De modo geral, é muito
Bonito o que conquistamos
Depois dos longos caminhos
Incertos que desbravamos.
E tudo saiu assim
Porque muito nos amamos.

Por isso e por muito mais,
Eu tenho pensado assim:
Todo fim tem seu começo,
Todo começo tem fim.
Mas quero findar meus dias
Com você perto de mim.

Tudo é muito relativo

Felipe é menino esperto,
Criado com muito amor.
Estudioso, educado,
Bom amigo e bom leitor,
Sincero e inteligente,
Natural e competente,
Mas muito perguntador.

Ainda bem que sua mãe
É cautelosa e prudente,
Carinhosa, motivada,
Cuidadosa e boa gente,
Que não espalha, mas junta.
Já Felipe só pergunta
Por ser muito inteligente.

Andando com sua mãe
Por um bonito terreno,
Viu um preá e falou,
Firme, tranquilo e sereno:
"Se eu tiver razão, me dê,
Mas estou achando que
Tudo no mundo é pequeno".

A mãe comentou: "Meu filho,
Eu quero que fique vivo,
Ou seja, de olhos abertos,
Pois tenho mais de um motivo
Para dizer que na terra,
Onde a gente acerta e erra,
Tudo é muito relativo.

Moreira de Acopiara

Ou seja, tem muita coisa
Que parece, mas não é.
Às vezes vamos avante,
Às vezes de marcha à ré...
Mas quero que se prepare,
Fique tranquilo e repare
O canto de pôr o pé".

Depois que ela disse isso,
Pensou e prosseguiu: "Ande,
Vamos conhecer o mar,
Que sobre a areia se expande.
E quero que participe!"
Olhando as ondas, Felipe
Falou: "Mas como ele é grande!"

A mãe se alegrou e disse:
"Felipe, não seja tolo.
Cavalo não é jumento,
Tapioca não é bolo,
Laranja não é azul,
Areia não é paul
E telha não é tijolo".

Disse ele: "Mamãe, se acalme!
É que às vezes eu me atraso.
Mas tenha mais paciência
E responda: "Por acaso
Já vi que o mar é bonito,
E me parece infinito,
Mas ele é fundo ou é raso?"

A mãe respondeu: "Meu filho,
Às vezes eu me confundo.
Por outro lado, não sei
Muitas coisas sobre o mundo
De mistérios incomuns,
Mas sei que o mar em alguns
Lugares é muito fundo".

Disse mais a mãe: "As coisas
São simples, mas complicadas".
Então Felipe indagou,
Depois de muitas passadas,
E comendo uma bolacha:
"O que que a senhora acha,
Muitas coisas são pesadas?"

Moreira de Acopiara

A mãe respondeu: "Repare
Que aqui todo mundo deve
Prestar atenção em tudo
Que o povo diz ou escreve.
Mas pode olhar com cuidado,
Que o que parece pesado
De repente é coisa leve".

Respondeu Felipe: "As suas
Respostas são importantes.
Mas me diga mais: As coisas
Que imagino interessantes
Geralmente são assim:
Estão pertinho de mim
Ou sempre muito distantes".

Respondeu a mãe: "Menino,
Questionar eu acho certo.
Quem pergunta quer saber,
Respondo de peito aberto,
Pois acho muito importante.
O que parece distante
Pode ser que esteja perto".

Felipe estava gostando,
Como bom perguntador,
E buscou outras respostas
De interessante teor,
Ou de grande conteúdo.
E questionou: "Quase tudo
Me parece assustador..."

Disse a mãe: "Meu bom menino,
Observe com cuidado,
Tenha calma, pegue leve,
Não queira julgar errado.
E digo aqui sem temor:
Às vezes o assustador
Não passa de um assustado".

Prosseguiu a mãe: "E para
Não ter conversa comprida
Eu quero lhe adiantar
Que tem chegada, partida,
Dia, noite, escuro, claro...
O mais barato, o mais caro,
Tudo e nada, morte e vida.

Moreira de Acopiara

Quanto a você, meu menino,
Respeite o fraco e o forte,
Trabalhe, fuja do mal,
Estude e pratique esporte,
Olhe o direito, o avesso,
Os prós, os contras e o preço,
Fuja do azar, busque a sorte.

E não se esqueça de que
Existe silêncio, som,
Pouco e muito, gordo e magro,
Alto e baixo, sem e com,
Poço e lago, mar e rio,
Luz e sombra, quente e frio,
Choro e riso, mau e bom.

Lá no começo eu falei
Que tem o grande e o pequeno,
Mas é preciso que saiba
Que nesse mesmo terreno
Tem a alegria, a tristeza,
A dúvida e a certeza,
O remédio e o veneno.

Tem a vitória, a derrota,
Tem pra você e pra mim;
Tem o molde e o moldado,
Certo, errado, não e sim,
O direito e o avesso.
E tudo tem seu começo,
Todo começo tem fim".

A mãe concluiu: "É com
Muita cautela que vivo.
E você, meu filho, cresça
Justo, honesto e criativo,
E só alegrias dê.
E não se esqueça de que
Tudo é muito relativo".

Felipe, que estava ali
Atentamente escutando,
Pensou com mais calma e disse:
"É com cuidado que ando,
E é feliz que aqui estou.
Por hoje chega, mas vou
Continuar perguntando".

Visitando o interior

Felipe nasceu aqui,
Mas eu resolvi levá-lo
Até o interior,
Onde ele avistou cavalo,
Bode, porco, tartaruga,
Carneiro, um pato e galo.

Mas ele avistou também
Uma pedra, uma lagoa,
Um cajueiro, uma duna,
Um coqueiro, uma canoa,
Uns passarinhos cantantes
E um partido de taboa.

Ele ficou muito alegre
Quando pôde contemplar
Os pequenos vagalumes
E uma noite de luar.
E disse: "Já vi que o mundo
É um imenso lugar".

Depois Felipe voltou
Por onde tinha um canteiro
E viu tomate, coentro,
Salsa, pimenta-de-cheiro
E outras ervas importantes
Para um gostoso tempero.

Moreira de Acopiara

Ali Felipe escutou
Um barulhinho, um zumbido
E ficou admirado,
Alegre e fortalecido.
Eram pequenas abelhas
Ao redor do seu ouvido.

Perto de um terreiro havia
Um lindo pé de carvalho
E um ninho de sabiá
Acomodado num gralho.
Felipe então disse: "O mundo
É natureza e trabalho".

Ele percebeu também
Que o mundo é festa e abrigo,
Diversidade, surpresa,
Seguro porto e amigo,
Acolhedor e bonito,
Mas sempre novo e antigo.

Felipe notou, ainda,
Que o mundo é todo carinhos,
Nuvens escuras e claras,
Silêncios, sons, passarinhos,
Travessas, brisas e ruas,
Alamedas e caminhos.

Ele enxergou água limpa,
Água mais escura e lama,
Viu que qualquer um tropeça,
Prende e solta, se esparrama,
E que o corpo necessita
De movimento e de cama.

Notou, ainda, que o mundo
É lagoa, mar e rio,
Mesa, prato, arroz, feijão,
Corda, cordão, linha, fio,
Barriga, farinha, pão,
Saleiro e sal, quente e frio.

Moreira de Acopiara

Que muitas vezes a sombra
Sobre as pessoas se lança,
Que a gente também recua,
Pensa, repensa e avança,
Que o tempo passa depressa,
Mas o mundo não se cansa.

Que bebê gosta de colo,
Que é bom estar com os avós,
Que os primos são importantes,
Que é necessário ter voz,
Que é correto preservar
E que o mundo somos nós.

Que é bom aquele que diz
Que pode fazer e faz,
Que é bom aquele que leva
Quando é preciso, mas traz,
Sabendo que o mundo é
Tudo isso e muito mais.

Por fim Felipe indagou:
"Mas isso é no mundo inteiro?
Todo mundo tem direitos?
E o amor, é verdadeiro?
E deveres, todos têm?
Qual o valor do dinheiro?

Tudo foi bem respondido
Para o menino Felipe.
E você, não fique quieto,
Quando puder, participe,
Pergunte, nunca se acanhe,
Busque saber, se antecipe.

Sobre oposições

Olhando os seres humanos,
Com base em sérios estudos,
Vi certos e errados planos
Entre falastrões e mudos.
Mudanças são naturais,
E os homens são desiguais
Nos mais diferentes postos.
Vendo os caminhos abertos
Uns preferem lados certos,
Outros vão pelos opostos.

Uns já têm propostas prontas
Para abordar os vencidos.
Esses no final das contas
Chorarão arrependidos.
Outros, tolos, se declaram
Completos porque roubaram
Ou barganharam vantagens,
Sufocando os semelhantes
Com gestos extravagantes
E baratas abordagens.

Vemos ímpios atrevidos,
Perversos e viciados,
Pelos caminhos compridos
Multiplicando os pecados,
Falsificando alegrias,
Diminuindo os seus dias
Entre perigosos canos,
Entrando sem ter convites,
Ultrapassando os limites
Desses passageiros anos.

Moreira de Acopiara

Caminhamos vigiados
Por homens de falsos brilhos,
Que nos fazem condenados
Ou constrangem nossos filhos
Com suas visões tacanhas
Movendo falsas campanhas
E miraculosas podas,
Enquanto nos arredores
De minha casa os piores
Idiotas ditam modas.

Beberrões fazem besteiras
Com doses envenenadas.
Pivetes causam canseiras
Nos que encontram nas calçadas.
Famílias de bem se agitam
Quando indefesas visitam
Os túmulos dos seus parentes,
Que tocavam brandas liras,
Mas foram vítimas das miras
De criminosos doentes.

Uns cuidam das cicatrizes
A fim de aplacar as dores,
Enquanto os que são felizes
Consomem finos licores.
Uns cantam como cigarras,
Outros caem nas amarras
De covardes depravados,
E entre sentenças injustas
Dragões de ventas robustas
Nos espreitam camuflados.

De um lado jovens valentes
Vislumbram certos destinos,
E, enquanto uns incompetentes
Tocam tenebrosos sinos,
Olhos indefesos choram
E mãos de ferro devoram
As boas ações dos mansos
Que, corajosos, trabalham,
Com pena dos que gargalham
Dos meus precários descansos.

Moreira de Acopiara

Uns dão graças porque privam
De corretas amizades.
Outros rugem, desmotivam
Inteiras comunidades.
Enquanto uns cantam louvores,
Secam prantos, plantam flores
Inebriantes e puras,
Outros mentem, alienam
Sem pudores e envenenam
O mundo e as criaturas.

Uns fedem como curtumes
Em crateras purgativas,
Outros usam bons perfumes
E exibem largas gengivas.
Mas são, muito embora lentos,
Artesãos dos sofrimentos
Remando barcos perdidos
De encontro a confusas bolhas,
De déu em déu, como folhas
Em tufões enraivecidos.

Uns pedem que nós entremos
Em suas lindas mansões,
Mas outros vão aos extremos
E promovem divisões.
Da casa dos nossos pais
Aos cubículos infernais,
Há perigosos desvios
E homens que muito se exibem.
Por sorte não nos proíbem
Sonhos e leitos macios.

O abraço

De todas as descobertas,
Uma que muito me agrada
Se chama abraço, porque
Toda pessoa abraçada
Se sente em estado de graça.
Já a pessoa que abraça
Se sente recompensada.

Se a gente está com saudade,
Sentindo a vida vazia,
E abraça alguém, de repente
Fica mais bonito o dia,
E a vida ganha mais cor.
Na hora triste da dor,
Qualquer abraço alivia.

Quando você está com raiva,
Já em tempo de estourar,
Se vem alguém e o abraça,
Você começa a pensar
E o mundo se mostra bom,
Porque você fica com
Vontade de melhorar.

Quando você está feliz
E abraça alguém, esse alguém
Recebe a sua alegria,
Novas ideias lhe vêm,
Em tudo enxerga beleza,
Reaviva a natureza
E fica alegre também.

Moreira de Acopiara

Se alguém está se queixando
De uma crise que não passa,
E se acaso avista alguém
E esse alguém vem e o abraça,
Depressa tudo melhora,
A crise vai logo embora
E tudo adquire graça.

Muita gente já tentou
Saber qual é a razão
De todo abraço causar
Tão grande transformação
Ou fazer tão bem à gente.
Mas eu acho que é somente
Por causa do coração.

É que, quando a gente abraça
Ou oferece um agrado,
Cada coração se mostra
Mais forte e regozijado.
Isso tão cedo não passa
No coração do que abraça
Nem do que foi abraçado.

Acho que foi para abraços
Que cada braço foi feito.
Quando abraço, sinto o meu
Caminho menos estreito,
E a calma se multiplica.
É que quem abraça fica
Com dois corações no peito.

O melhor ainda está por vir

Estou lembrado de que,
Quando me entendi por gente,
Meu pai me disse: "Você
Vai imediatamente
Se preparar para a vida,
Pois essa estrada comprida
Possui agudas ladeiras.
Quem não é fraco da bola
Consegue, através da escola,
Transpor diversas barreiras".

No ensino fundamental
Comecei a experiência,
Tediosa, mas legal,
E eu com pouca paciência.
Foi quando fiquei sabendo
Que eu ali estava sendo,
De forma branda e serena,
Fazendo a lição devida,
Porque desse jeito a vida
Iria valer a pena.

Achei que o fim desse tédio
Seria o colegial,
Ou seja, o ensino médio,
Melhor que o fundamental.
Eu ia estudar conforme
Meu gosto, sem uniforme,
Com muito mais liberdade
E com menos correria.
E que enfim começaria
A minha felicidade.

Moreira de Acopiara

Então foram mais três anos
De aprofundados estudos,
Sonhos, desejos e planos
E desenganos graúdos.
Um dia uma professora,
Otimista e sonhadora,
Querendo me bajular,
Disse: "Rapaz, tenha fé,
Pois aqui o foco é
Passar no vestibular".

A professora ainda disse:
"Escolha uma profissão,
Que é pra não fazer tolice
Nem andar sem direção".
Profundamente intranquilo,
Fiz teste disso e daquilo,
Pesei a capacidade
E medi perspectivas.
Depois de três tentativas,
Entrei na universidade.

Percebi grande melhora,
Notei a vidinha plena,
E alegre pensei: "Agora
Tudo vai valer a pena".
Fiz e refiz muitos planos,
Mas foram mais quatro anos
Comprando livros usados,
Morando em pensões baratas
E ouvindo explicações chatas
De colegas apressados.

De repente uma senhora,
Numa espécie de presságio,
Me disse: "Já está na hora
De procurar um estágio".
Com passos muito indecisos,
Fui ver os quadros de avisos
Que estavam nos corredores,
E de anúncios tinha vários
Procurando estagiários
Para diversos setores.

Moreira de Acopiara

Parece até que cresci
E já me vi contemplado.
Rapidamente escolhi
Um que era do meu agrado,
E pensei: "Não tem segredo!"
No outro dia bem cedo,
Alegre e desinibido,
Meio que sem me conter,
Saí atrás de fazer
A vida ter mais sentido.

Fui bater naquela empresa
Que eu antes tinha escolhido,
E digo aqui com franqueza:
Fui muito bem recebido.
Uma multinacional,
Num excelente local,
Que um capacho me mostrou.
Vendo ali tudo perfeito,
Eu disse estufando o peito:
"O melhor já começou".

Então fui entrevistado,
E em três dias comecei.
Mas um gerente zangado,
Assim que me apresentei,
Usou discurso arbitrário
E me disse: "Estagiário,
Bem-vindo a este recinto.
Sonhos aqui são possíveis!
Mas nós temos quinze níveis,
Você é o décimo quinto".

Disse mais o tal gerente,
Já me deixando arrasado:
"Por enquanto olhe pra frente
E esqueça o tempo passado.
E mais! É muito importante
Que você seja brilhante
E a entrega seja completa.
Se você não deslanchar,
Aqui não terá lugar
Nem pra sua bicicleta".

Moreira de Acopiara

Indaguei: "E o que é que eu faço
Para ganhar posições?"
Disse ele: "Conquiste espaço,
Tolere provocações,
Inove, persiga metas,
Tenha atitudes corretas,
Não despreze os desprezíveis
E aceite perdas e danos,
Que pode ser que em dez anos
Você suba uns quatro níveis".

Meu grande desejo agora
Era a carteira assinada,
Que assim viria a melhora
Eternamente almejada.
Quando isso aconteceu,
A família apareceu
Com uma faixa e um cartaz
Com letras grandes dizendo:
"Estamos todos torcendo,
Você é muito capaz".

Poemas para adiar o fim do mundo

No final de trinta anos,
Eu conquistei cinco níveis,
Mas, depois de desenganos
E cabeçadas incríveis,
Comprei casa em Peruíbe,
Que no litoral se exibe
E é lugar bem conhecido,
Me arrumei e fui embora,
Certo de que a vida agora
Passaria a ter sentido.

Antes o meu diretor,
Um homem não tão zangado,
Enfatizou: "O senhor
Será homenageado".
Mais parecendo um babaca,
Fui lá buscar uma placa,
E era melhor não ter ido
Receber esse regalo.
Disseram: "Vamos trocá-lo
Por alguém mais iludido".

Moreira de Acopiara

E eu me lembrei de meu pai,
Com quase noventa anos,
Na cama, já vai não vai,
Sem poder mais fazer planos,
E alguém com delicadeza
Dizendo: "Pra que tristeza?
Procuremos nos unir
E olhar ao nosso redor,
Sem pressa, pois o melhor
Pode ainda estar por vir".

Gente velha

Eu acho muito bonito
Gente de rosto enrugado,
De caminhar esquisito
E cabelo esbranquiçado.
Gente que não anda às pressas,
Não crê em tolas promessas,
Dá o melhor parecer,
Admira, bota fé,
Olha o tempo e sabe até
A hora que vai chover.

Moreira de Acopiara

Faço tudo e não me aparto
De um velho em seu território,
Que sabe a força de um parto,
De um amigo e de um velório.
Que é gente muito entendida,
Capaz de passar a vida
Sem esquecer as manias,
Fala de flores, de amores,
De cores e de sabores
E ama suas velharias.

Gosto dessa gente idosa
Que não curte ostentação,
Que aprecia verso e prosa,
Olha com contemplação,
Age com desprendimento,
Não guarda ressentimento,
Não tem conversa comprida
Nem suspeitosa atitude
E ri dessa juventude
Que se acha muito sabida.

Gosto dos velhos que sabem
Incrementar narrativas.
Ao lado deles não cabem
Conversas mais produtivas.
Não tem como não gostar
De estar com velhos, velhar,
Falar de contras e prós.
E nada substitui
Eu me lembrar de que fui
Tão feliz com meus avós.

Foi com eles que aprendi
A matutar, esperar,
Olhar daqui e dali,
Apurar tudo e cismar.
Quando eu nasci, meus avós
Já eram velhos, e nós
Com o tempo nos completamos.
Eles muito me ensinaram,
Por isso mesmo ficaram,
Ou nunca nos afastamos.

Moreira de Acopiara

Cresci ao lado de gente
De comprida trajetória.
Gente linda, competente
E de ampliada memória.
Meu vô me mostrou que o certo
É fazer do longe perto,
O bem sem olhar a quem...
E viver a coisa nossa.
E, como ele era da roça,
Eu sou da roça também.

É que ali também vivi
Momentos maravilhosos
E muito me surpreendi
Vendo a calma dos idosos.
Na roça aprendi bondade,
O jeito, a serenidade
E a arte de respeitar,
Levantar quando cair,
Multiplicar, dividir
E olhar o tempo passar.

Gosto muito dos vovôs
Com suas velhas paixões.
Eles são nossos griôs,
Verdadeiros guardiões
De coisas que não existem,
E acertadamente insistem
Na velha forma de vida.
Não se abalam nas derrotas
E são justos patriotas
De quem jamais se duvida.

Gosto é de família grande,
Que trabalha, acerta e erra,
Que por onde quer que ande
Carrega cheiro de terra,
Sabe a hora de uma trégua,
A distância de uma légua
E o valor de uma fineza;
Que busca bom conteúdo,
Mas no fim mistura tudo
Com o poder da natureza.

Moreira de Acopiara

Gosto dessa gente antiga
Com seus costumes antigos.
Que me acalma, que me instiga,
Que sabe fazer amigos...
Cuja parceria forte
Vai do casamento à morte
Fazendo barras, bainhas,
Calculando consequências,
Passando adiante excelências,
Benzeções e ladainhas.

Gosto dessa gente velha
Que aprendeu a se virar,
Que cuida bem, que aconselha
Sem precisar se afobar.
Gente que chama "cumadi",
Que diz que esqueceu a idade,
Mas sabe a conta dos dias.
Que não corre atrás de aplausos,
Que reconta velhos causos
E receita simpatias.

Que essa velharada seja
Uma alegria sem fim
E que nunca, nunca esteja
Muito distante de mim.
E igualmente a meus avós
Quero força, vez e voz
Para ensinar e aprender
Amor e fraternidade
E a grande oportunidade
De também envelhecer.

Meu pai, meu filho e eu

Meu querido e velho pai,
Um belo dia o senhor
Conheceu a minha mãe,
E o mundo ganhou mais cor.
Foi o começo da mais
Bonita história de amor.

Então vocês se casaram,
Tão logo venceram os medos.
Não demorou e eu nasci,
Fui desvendando os segredos
Da vida, e em pouco tempo
Já brincava com seus dedos.

E eu mexia nos seus bolsos,
Assanhava os seus cabelos,
Queria atenção, falava
Até pelos cotovelos.
No senhor, meu pai, eu via
O modelo dos modelos.

Uma vez veio uma chuva,
E estou lembrado de que
Eu fui brincar num terreiro,
Onde tinha um pé de ipê.
O senhor riu vendo a água
No meu rosto de bebê.

Moreira de Acopiara

E entrou comigo na chuva,
Tirou sapato e camisa
E me levantou no meio
Dos pingos d'água e da brisa,
Pisou comigo na lama
Onde minha alma inda pisa.

E eu corri pelo terreiro,
Meio que sem direção,
E o senhor ficou parado,
Prestando muita atenção,
Embevecido, me dando
Confiança e proteção.

Pra mim o céu não passava
De um grande vaso emborcado.
Não entendia por que
O sol, todo avermelhado,
Se escondia no poente
Pra nascer lá do outro lado.

Eu fazia piruetas,
Parecia um bailarino.
O senhor ficava alegre
Na frente do seu menino.
Ao seu lado eu começava
A desenhar meu destino.

Muitas vezes o senhor,
Vendo que eu estava bem,
Me botava numa rede,
Num gostoso vai e vem.
Mesmo acordado eu sonhava,
E o sonho era seu também.

Quando fiquei maiorzinho,
Vendo do mundo a amplitude,
O senhor me disse: "A gente
Precisa ter atitude".
E foi se banhar comigo
Nas águas mansas do açude.

Moreira de Acopiara

Recordo, meu pai, que um dia
Saí de casa à procura
De borboletas azuis,
E numa floresta escura
Senti medo, e o senhor
Logo me deu cobertura.

Ao notar sua presença,
Os meus olhinhos brilharam,
Adquiri confiança,
Minhas forças aumentaram,
E até parece que as aves
Ali nos felicitaram.

Lembro que foi ao seu lado
Que aprendi a caminhar,
Fazer as primeiras letras,
Me calçar, me pentear,
Descascar uma laranja,
Vestir a roupa e nadar.

Fui crescendo, fui crescendo,
Sempre muito satisfeito.
Um dia briguei, mas isso
Não lhe pareceu direito.
Achei que meu coração
Fosse sair do meu peito.

Mas logo o senhor chegou
E eliminou os entraves.
Fez um balanço bem forte,
Com movimentos suaves,
E eu me balancei bem alto,
Querendo imitar as aves.

O senhor me disse mais,
De maneira inteligente:
"Nunca se afobe, menino,
O mundo é bem diferente.
Coisas acontecem para
O crescimento da gente".

Moreira de Acopiara

Depois ouvi mais conselhos,
De valor inestimável:
"Meu filho, no dia a dia
Seja um homem responsável.
Honestidade é uma coisa
Fundamental e agradável.

Aproveite a tenra idade,
Caminhe por bons caminhos,
Respeite velhos e jovens,
Não aborreça os vizinhos,
Contemple as bonitas flores
Sem agravar os espinhos".

O senhor falou, ainda,
Sobre respeito, elegância,
Trabalho, diversidade,
Paz, lazer e tolerância.
E disse que todos têm
No mundo a sua importância.

Recordo o senhor falando
Sobre cidade e aldeia.
Dizia: "Filho, você
Não pratique coisa feia,
Não seja mal-humorado
Nem fale da vida alheia".

Uma vez me alvorocei
Por ter tido triste sonho.
Escutei palavras duras,
Vivi momento enfadonho,
Desanimei, tive medo
E me recolhi tristonho.

Mas, quando o senhor notou
Aquela minha tristeza,
Chegou mais pertinho e disse:
"Filho, deixe de moleza.
Olhe pra frente, repare
Como é linda a natureza!"

Moreira de Acopiara

Uma tarde cantei com
Alma, corpo e coração.
Naquele instante o meu canto
Chamou a sua atenção,
Mas o vento carregou
Pra longe a minha canção.

Cresci, cresci... Outro dia,
Depois de apressar o passo,
Parti atrás de aventuras,
Novo mundo, novo espaço.
Vi o senhor acenando,
Meio sem chão, no terraço.

O senhor sentia medo
Que eu pudesse me perder,
Que enfrentasse algum perigo
Ou que viesse a sofrer...
E ficou me olhando até
Me ver desaparecer.

Mas não perdeu a postura,
Caminhou de alma serena
E foi consolar mamãe,
Num misto de dor e pena.
E viu ficar muito grande
A nossa casa pequena.

Recentemente eu estava
Suplicando de mãos postas
Mais paciência, à procura
De convincentes respostas.
Percebi que carregava
Um grande peso nas costas.

Por esses dias, enquanto
Prestava atenção no brilho
Da tarde, notei que o homem
É mesmo um grande andarilho.
Pensei, enquanto afagava
Os cabelos do meu filho.

Moreira de Acopiara

Relaxei e me flagrei
Ensinando-o a caminhar,
Mexer no computador,
Se calçar, se pentear,
Fazer as primeiras letras,
Vestir a roupa e nadar.

De repente vi os meus
Cabelos já branqueados,
E você, meu filho, envolto
Em muitos sonhos dourados,
Com cuidado observando
Os meus passos já cansados.

Então me lembrei de muitas
Coisas que o meu pai dizia,
Das histórias que contava
E dos poemas que lia…
E bateu grande saudade,
Com gratidão e alegria.

E você, meu filho, saiba
Que o mundo foi sempre assim.
Tem sempre alguém no começo
E alguém já quase no fim.
Amanhã você também
Há de se lembrar de mim.

Se acaso sentir saudade,
Pode chorar, homem chora.
Chorando a gente consegue
Obter certa melhora.
Aja com seu filho como
Ajo com você agora.

Lamentos de um vaqueiro velho

Nunca entendi muito bem
O ritual da partida.
Não vai escapar ninguém
Nessa viagem comprida.
Para onde? Ainda não sei.
A vida inteira lutei,
Procurando um paradeiro,
Tentando me defender,
E sempre soube o que é ser
Sendo somente vaqueiro.

Desde o tempo de menino
Que venho nessa pisada,
Desenhando o meu destino,
Quase sem saber de nada,
Todo dia, todo mês,
Campereando uma rês,
Melhorando um bebedouro,
Apartando alguma cria,
Ensebando montaria
Ou mesmo espichando um couro.

Não fui vaqueiro somente,
Fui companheiro do gado.
Enfrentei chuva e sol quente
E, embora às vezes cansado,
Arrebanhei diligência,
Tendo pouca consciência
Das muitas limitações,
Tentando ter voz e vez,
Querendo entender as leis
Dos rincões desses sertões.

Moreira de Acopiara

Isso, porém, foram glórias
Da distante mocidade,
Que escreveu lindas histórias,
Antes de virar saudade.
Saudade dos compromissos,
De quem prestei meus serviços,
Dos amigos (muito raros),
Dos meus patrões fazendeiros,
Das farras com os companheiros
E dos animais (tão caros).

Não tendo mais serventia,
Já com velhice instalada
E o corpo sem garantia,
Vejo nesse fim de estrada
Chegarem recordações
De algumas situações
De relevantes perigos,
Quando, sem pestanejar,
Era preciso abrandar
A fúria dos inimigos.

Inimigos, mas direitos!
Meteram mãos pelos pés.
Alguns deles foram feitos
Em ordinários bordéis,
Entre chiar de chaleiras,
Nas vaquejadas, nas feiras
Que às vezes eu ia ver.
Essas coisas entretêm,
Mas inimigo também
É coisa pra homem ter.

Nada no mundo é eterno,
E feridas também saram.
Ao chegar meu longo inverno,
Muitos já se acovardaram,
Fugiram das minhas vistas.
Quanto a futuras conquistas,
Já não desejo ir atrás.
Falta entusiasmo, pois
Vaqueiro velho, depois
Que apeia, não monta mais.

Moreira de Acopiara

Investi meus apurados
Em pangarés e rameiras,
Em bebidas, carteados
E mal fechadas porteiras.
Agora, quase no fim,
Vi que ser dono de mim
Me agradou, mas me acabou.
Nos desmantelos da vida,
Paguei além da pedida,
Pouco ou nada me restou.

Estiagem rigorosa,
Muito serão, pouco assunto,
Travessia perigosa
E o gado todo desjunto.
Resta-me ressentimento,
Desvalor, esquecimento,
Coragem diminuída,
Saudade multiplicada
E a constatação do nada
A serviço da desvida.

E por falar em saudade,
Dela conheço a essência.
Restou a tranquilidade
Do gosto de uma querência.
Foi só amor de vaqueiro
Por filha de fazendeiro,
Estranha camaradagem
Que somente o tempo explica:
Boi curraleiro só fica
Sossegado na pastagem.

Nesse crepúsculo já estou
Desapartado de mim.
Meu amor se retirou!
Era bom, ficou ruim.
Anjo mais que encantador,
Sentimento matador
Que minha lembrança acusa.
Beleza mais que abundante...
Tão insondável semblante
Deixou minha alma confusa.

Moreira de Acopiara

Era mulher esgarçada,
Simples, liberta de tudo.
Muito embora vigiada,
Me conhecia a miúdo.
Depois que muito me amou,
Dormiu e não acordou
Pra ver a minha agonia
Ou me consolar no fim.
Que ela interceda por mim
Até que chegue o meu dia.

Sou um homem muito rico

Através dos versos venho
Aqui para me gabar,
Falar do muito que tenho,
E não vou me encabular.
Sou um homem muito rico,
E essas ações que pratico
Sempre dão bom resultado.
Assim venho acumulando
Mais riquezas, confirmando
Que nasci predestinado.

Moreira de Acopiara

Porém, a minha riqueza
Não é mansão nem mobília,
Mas começa, com certeza,
Por minha linda família.
Tenho uma esposa adorável,
Paciente, responsável,
Que me entregou sua vida
E me encheu de novos brilhos.
Além disso, me deu filhos,
E é presença garantida.

E ela me deu netos, prova
De uma continuidade.
Com eles pratico nova
E boa paternidade.
Tenho pessoas que amo
E pelas quais sempre chamo,
Pois têm estendidas mãos,
Sempre apontando os perigos.
Tenho irmãos que são amigos
E amigos que são irmãos.

Poemas para adiar o fim do mundo

Tenho um grupo de leitores
Que leem o que mal escrevo
E alguns incentivadores.
A todos eu muito devo,
Já que eles torcem por mim.
Tenho um pequeno jardim,
Diante do qual analiso,
Com muita admiração,
Que sou mais feliz que Adão
E Eva no paraíso.

Tenho dois olhos que enxergam,
Bons pés para caminhar,
E pernas que só se vergam
No momento de rezar.
Tenho ouvidos que escutam,
Saudáveis mãos que executam,
Uma cabeça que pensa...
Uma estrutura impecável
E uma fé inabalável,
Independente de crença.

Moreira de Acopiara

Tenho um cachorro que
Só vai dormir quando chego.
Ele me espreita e me vê
Com respeito e desapego.
Vibra com meus cafunés,
Se assanha, cheira os meus pés,
Tem um olhar tão profundo,
Tão revelador e doce
Que me vê como se eu fosse
Dono do resto do mundo.

Vivo a vida em plenitude;
Quando me afobo, me domo.
Tenho excelente saúde,
Que conservo não sei como.
Tenho força de vontade,
Controlo a ansiedade
E sei que somos iguais
Ante o mundo e a lei.
Por tudo é que constatei
Que sou rico até demais.

O lugar de onde eu venho

Eu venho lá de um lugar
Onde o bem é um bem maior,
Faz o mal atrofiar
E torna o mundo melhor.
Lá de onde eu venho o sol nasce
Para beijar minha face
E me dar tranquilidade,
Conforto, alegria e paz,
E a chuva, quando vem, traz
Alento e fertilidade.

Moreira de Acopiara

Eu venho de um lugarzinho
Que possui cheiro de mato,
Onde a lua faz carinho
Na água limpa do regato.
Lá tem causos nas calçadas,
Sombras frescas nas estradas,
Brincadeiras nos oitões
E um açude bem pertinho
Com canto de passarinho
Em todas as estações.

Lá o pão é repartido,
E o saber, compartilhado.
O tédio não faz sentido,
E o povo é bem-humorado.
Os jovens são esperança,
Os velhos são confiança,
E os irmãos, laços de amor.
A escura noite, poesia,
Calmaria e garantia
De sono reparador.

Nesse lugar eu me arranjo
E nele não me embaraço.
Lá todo menino é anjo,
E todo amigo é abraço.
Quem parte deixa saudade;
Quem volta traz novidade;
Quem chega não quer partir.
Lá não rola preconceito,
E todos têm o direito
Sagrado de ir e vir.

Nesse lugar com certeza
Eu não me sinto sozinho.
Nele se enxerga a beleza
Exposta em cada caminho.
É lá que eu ando sem pressa,
Porque já não me interessa
Correr muito, me cansar
E gastar o que não tenho.
Para o lugar de onde venho
Vou sempre querer voltar.

Moreira de Acopiara

Nesse lugar os terraços
Têm beleza de jardim.
Neles a gente vê maços
De alfazema e de alecrim.
E, se você perguntar
Onde é que fica o lugar
Que tanto me satisfaz,
Tranquilamente repito:
Esse lugar tão bonito
A gente mesmo é que faz.

Corrinha

Quem nasce no interior
Do Nordeste brasileiro,
Como eu nasci, dá valor
A um curral e a um chiqueiro,
Gosta do canto de um galo,
Do relincho de um cavalo,
Do mugido de uma rês,
Da festa dos passarinhos,
Da solidão dos caminhos
E de uma fruta de vez.

Moreira de Acopiara

Na estrada do Catolé,
Perto do pé de uma serra,
Um lugar simples, que é
O mais bonito da terra,
Nasceu e cresceu Corrinha,
Que desde pequena tinha
A beleza das princesas
E a calma dos anciões,
Causando perturbações
Por aquelas redondezas.

E eu, simples homem da roça,
Com mil coisas a fazer,
Um matuto casca-grossa
Desejoso de aprender,
Uma vez, meio sem jeito,
Exercitando o respeito,
Comecei a reparar
Na beleza de Corrinha,
Mas não quis sair da linha
E me pus no meu lugar.

Até conversei com ela,
Em poucas ocasiões,
E achei que ela me deu trela,
Mas não fez indagações.
Mais tarde, no meu reduto,
Notei que só era astuto
Debaixo do meu bigode.
E pensei: "Essa mulher
É muito fina e não quer
Sentir meu cheiro de bode".

Naquele chão eu a via
Como alguém muito distante.
Tudo quanto ela fazia
Eu achava interessante.
Quando ela movimentava
Seu corpo esbelto, eu vibrava,
Achava a vida um colosso.
E, para minha agonia,
Ela disse que algum dia
Cheiraria o meu pescoço.

Moreira de Acopiara

E uma vez, muito suado,
Cuidando de uns animais,
Fui de repente agarrado
Por mãos macias, por trás.
Quando vi, era Corrinha,
Que até parece que vinha
Do paraíso das musas,
Cheia de delicadeza
E a peculiar beleza
Que deixa as almas confusas.

Ela cheirou meu pescoço
Como quem cheira uma flor.
Foi tão grande o alvoroço
Que acho que mudei de cor.
Quando eu me virei pra ela,
Escutei a fala dela:
"Não sei o que acho melhor
Nesse terreno onde luto:
Se seu jeitão de matuto
Ou seu cheiro de suor".

Confuso, não concluí
O meu pesado trabalho.
Ela partiu, e eu saí,
Parecendo um espantalho.
Dei tempo ao tempo, tentando
Cair na real, mas, quando
Recuperei meu normal,
Foi grande a surpresa minha,
Pois descobri que Corrinha
Já estava na capital.

Era lá que ela estudava,
E estava quase acabando
Seu curso e só visitava
O sertão de vez em quando.
Terminada a faculdade,
Permaneceu na cidade,
Por certo com novo amor,
E eu pensei entristecido
Que ela já tinha esquecido
As coisas do interior.

Moreira de Acopiara

Achei que na capital,
Indo a ambientes chiques,
Comendo pão integral,
Gastando em finas butiques
E caros cabeleireiros,
Escutando fofoqueiros
Que o progresso corrompeu,
Longe da periferia,
Nunca mais se lembraria
De um matuto como eu.

No meu singelo lugar
Continuei entretido
No trabalho, sem tirar
Corrinha do meu sentido.
Certa vez, num fim de dia,
Quando o meu corpo doía
E o cansaço judiava,
E entre grandes aperreios,
Me deitei sobre uns arreios
Pra ver se me renovava.

Os passarinhos cantavam
Na copa de um juazeiro,
Ventos leves abrandavam
Meu cansaço corriqueiro.
Sei que, enquanto eu cochilava,
Vi que alguém se aproximava,
E ainda sem graça, insosso,
Percebi que era Corrinha,
Parecendo uma rainha,
Cheirando no meu pescoço.

Deitado sobre os arreios,
Cansado, desajeitado,
Depressa procurei meios
Pra ver se estava acordado
Ou se dormindo e sonhando.
Conforme fui acordando,
Imaginei: "Como pode?"
E ela, muito despachada,
Disse: "Não troco por nada
Esse seu cheiro de bode".

Recomeçar

É necessário ter idealismo,
Fazendo espelho dos que prosperaram.
Os que na luta pouco se empenharam
Foram vencidos pelo pessimismo.

Para os que querem, não existe abismo,
O mérito é justo para os que lutaram
E na vitória sempre acreditaram!
Perseverança não é fanatismo.

Se você hoje perde uma disputa,
Não esmoreça, prossiga na luta.
Nós não podemos nos acomodar.

Perca o anel pra defender o dedo!
Dos que triunfam, o grande segredo
É não ter medo de recomeçar.

Os que trabalham são vitoriosos,
A esperança não deve morrer.
Todos que dizem: eu hei de vencer!
Estão mostrando que são corajosos.

Existem homens inescrupulosos,
Quando se julgam donos do poder;
Mas, cedo ou tarde, tudo hão de perder,
É essa a paga dos gananciosos.

A fé sem obras não é importante;
Trabalho honesto é dignificante,
E não é feio você fracassar.

Quem não lutou teve uma vida inglória.
Não é bobagem sonhar com vitória,
Mas é loucura não recomeçar.